内蒙古自治区社会科学基金后期资助项目

何以红山

红山文化考古发现与研究一百年丛书

● 刘江涛／著

内蒙古人民出版社

图书在版编目（CIP）数据

何以红山 / 刘江涛著 . — 呼和浩特：内蒙古人民出版社，2024.9
（红山文化考古发现与研究一百年丛书）
ISBN 978-7-204-17080-7

Ⅰ . ①何… Ⅱ . ①刘… Ⅲ . ①红山文化－研究
Ⅳ . ① K871.134

中国版本图书馆 CIP 数据核字（2022）第 001642 号

何以红山

本册作者	刘江涛
策划编辑	王　静
责任编辑	孙　超
封面设计	刘那日苏
出版发行	内蒙古人民出版社
地　　址	呼和浩特市新城区中山东路 8 号波士名人国际 B 座 5 楼
网　　址	http：//www.impph.cn
印　　刷	内蒙古恩科赛美好印刷有限公司
开　　本	710mm×1000mm　1/16
印　　张	9.75
字　　数	200 千
版　　次	2024 年 9 月第 1 版
印　　次	2024 年 9 月第 1 次印刷
书　　号	ISBN 978-7-204-17080-7
定　　价	35.00 元

如发现印装质量问题，请与我社联系。

联系电话：（0471）3946120

丛书编委会

主　　编：孙永刚

副 主 编：马海玉

编　　委：李明华　任君宇　乌　兰

　　　　　刘江涛　刘　颖　常经宇

　　　　　林　杨　周午昱　张　颖

　　　　　李丹阳

总　序

2021 年是红山文化发现 100 周年，也是中国现代考古学诞生 100 周年。1921 年 6 月，瑞典地质学家安特生等赴奉天省锦西县（今辽宁省葫芦岛市）一带勘查煤矿时，发现了位于辽西地区的沙锅屯遗址。他们对该遗址进行了发掘和测绘，意识到这可能是一处新石器时代遗址。遗址出土的贝环和红地黑彩的彩陶片与河南仰韶村出土的遗物颇为相似。后来的考古发现和研究表明，沙锅屯遗址发掘的新石器时代遗存至少属于两种考古学文化，即红山文化和小河沿文化。沙锅屯遗址被认为是中国近代田野考古史上第一次正式发掘的遗址，它的发掘在中国考古史上具有重要意义，为研究红山文化和中华文明起源提供了宝贵的学术资料。

自沙锅屯遗址发掘以来，红山文化研究已经走过了 100 年的历程。在这 100 年中，无数考古学者为红山文化研究呕心沥血，取得了丰硕的成果。1906—1908 年，日本人鸟居龙藏多次深入内蒙古东南部和热河地区（包括今河北省、辽宁省、内蒙古自治区部分地区）进行考察，对赤峰英金河畔的几处新石器时代文化遗址进行了调查，并于 1914 年发表了《东蒙的原始居民》一文，首次向学术界揭示了西拉木伦河流域史前文化遗存的存在。1930 年，我国著名考古学家梁思永在完成黑龙江昂昂溪遗址的发掘后，对英金河两岸和红山后进行了考古调查，并撰写了考古报告《热河查不干庙林西双井赤峰等处所采集之新石器时代石器与陶片》。
1935年5月，日本东亚考古学会滨田耕作、水野清一等人对赤峰
红山后的第一、第二住地址进行了发掘，并于1938年出版了发掘
报告《赤峰红山后》，提出了"赤峰第一期文化"和"赤峰第二
期文化"的概念，向世界宣布了赤峰红山后新石器时代人类遗存
的重要发现。20世纪40年代，裴文中先生提出，红山后是北方
草原细石器文化与中原仰韶文化在长城地带接触而形成的"混合
文化"。1954年，中国著名考古学家尹达在编写《中国新石器时
代》一书时，根据梁思永先生的意见，对这一文化进行了专门论述，
并正式将其命名为"红山文化"。1956年，裴文中先生和吕遵谔
先生带领学生对红山文化遗存进行了调查和试掘，获得了大量重
要的实物标本，并对《赤峰红山后》中的一些错误结论进行了更正。
20世纪80年代以后，红山文化研究取得了突破性进展，苏秉琦、
杨虎、刘观民、张忠培、严文明等考古学家对红山文化研究给予
了高度重视。内蒙古文物考古研究所、中国社会科学院考古研究
所内蒙古工作队、吉林大学考古学系、赤峰学院等机构在内蒙古
和辽宁地区开展了一系列红山文化考古发掘和研究工作，推动了
红山文化研究的国际交流与合作，使红山文化研究走向了世界。

　　近30年来，赤峰学院在红山文化研究领域取得了显著成就。
一是成功举办了3次国际学术研讨会和12次高峰论坛，有效提
升了红山文化的国内外影响力。具体而言，1993年、1998年和
2004年，在赤峰市举办了3届中国北方古代文化国际学术研讨会。
2006—2017年，连续12年举办红山文化高峰论坛。二是出版了
10部会议论文集，包括3部《中国北方古代文化国际学术研讨会
论文集》、2部《红山文化高峰论坛专辑》和5部《红山文化高峰

论坛论文集》。三是创办《红山文化研究》专辑,至今已连续出版 8 部。四是出版了多部专著、译著,包括《红山文化与辽河文明》《西辽河流域早期青铜文明》《古代西辽河流域的游牧文化》《红山文化概论》《红山玉器》《西辽河流域史前陶器图录》《西辽河流域考古时代自然与文明关系研究》《西辽河上游考古地理学研究》《辽西地区新石器时代植物考古研究》《红山古国研究》《赤峰红山后:热河省赤峰红山后史前遗迹》(中译本)等。此外,赤峰学院研究人员在红山文化研究领域发表了 100 余篇学术论文,充分展示了红山文化研究成果。2019 年以来,赤峰学院先后获批内蒙古红山文化研究基地、内蒙古红山文化与中华早期文明研究协同创新中心、内蒙古红山文化与中华民族共同体研究基地。目前,赤峰学院在红山文化研究领域已形成了鲜明的特色,成为赤峰市文化研究的一面旗帜。

值此红山文化发现 100 年之际,赤峰学院编写了"红山文化考古发现与研究一百年丛书",旨在系统总结红山文化考古发现与学术研究成果,进一步深化对中华文明起源和发展的认识。新时代,继续对红山文化遗址进行保护与研究,不仅是深入挖掘与弘扬中华优秀传统文化的重要实践,而且对增强文化自信具有重要意义。红山文化所蕴含的中华文明的核心基因,深刻展现了中华文化的连续性、创新性、统一性、包容性、和平性,是全人类共同的精神财富。因此,挖掘、整理、研究、保护和传播红山文化不仅是我们的责任,也是我们应尽的义务。

"红山文化考古发现与研究一百年丛书"编写组

2021 年 12 月

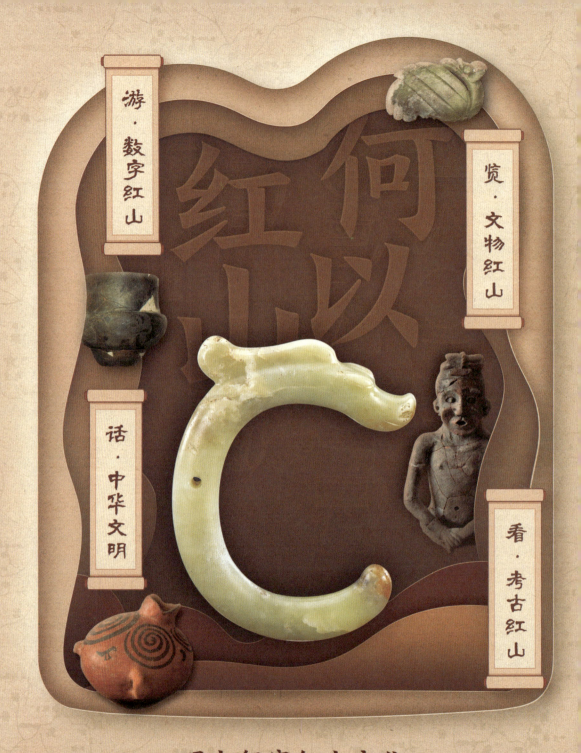

游·数字红山

览·文物红山

话·中华文明

看·考古红山

何以

红山

码上解密红山文化

探寻文明起源

目录

导　言

　　辽西考古学文化区包含西辽河流域、大凌河和小凌河流域、燕山及其南麓至渤海湾。行政区上包括内蒙古自治区东南部的赤峰市（原昭乌达盟）、通辽市（原哲里木盟），辽宁省西部的朝阳、阜新和锦州地区，河北省东北部的承德、唐山、廊坊等地区。[1]辽西地区地处北纬 41°—45°、东经 117°—124° 之间，是蒙古高原向华北平原、东北平原的过渡地带。[2]在考古学区系类型划分中，辽西地区属于以长城地带为中心的北方地区东部，是研究中国文明起源及早期文明化进程的重要区域。

　　从地理位置上看，辽西文化区是衔接东北平原、华北平原和蒙古高原的三角地带，同时也是中原农耕区和北方游牧区的交错区域。就世界范围而言，辽西地区属于欧亚大陆草原通道南缘东端，濒临北太平洋西岸。古代的辽西地区地理位置极其重要，处于连接中国南北和沟通世界东西的交通要冲，是多种经济类型交错、多个人群汇聚、多种文化因素交融的中心地带之一。[3]

　　经过几代考古工作者的不懈努力，目前已基本建立起辽西地

　　1　杨虎："辽西地区新石器——铜石并用时代考古文化序列与分期"，载《文物》1994 年第 5 期。

　　2　刘国祥：《红山文化研究》，科学出版社 2015 年版，第 1 页。

　　3　田广林：《中国东北西辽河地区的文明起源》，中华书局 2004 年版，第 1 页。

区史前至早期青铜时代的考古学文化序列，从早到晚依次为小河西文化、兴隆洼文化、富河文化、赵宝沟文化、红山文化、小河沿文化及夏家店下层文化，文化发展具有独特性、连贯性的特点，在整个东北亚地区独树一帜。

从发展过程和阶段来看，大致可将辽西地区史前时期划分为两阶段。第一阶段为小河西文化至红山文化时期，夹砂平底筒形罐为最主要、最典型的器类，小河西文化筒形罐多为素面，兴隆洼文化时期出现压印、压划的组合纹饰，中期晚段出现"之"字纹，此后迅速成为本地区陶器纹饰的主流；兴隆洼文化发现了目前可确认的年代最早的真玉器，将我国雕琢、使用玉器的历史推进到距今 8000 年前的新石器时代中期，对研究东亚玉器的起源与发展具有重要意义；以牛河梁、半拉山等遗址的出土玉器为代表，辽西地区在红山文化时期进入玉文化发展的巅峰，与环太湖地区的良渚文化成为中国史前两大用玉中心，在中华文明起源和文明化进程研究中占据源头地位。

第二阶段为小河沿文化时期，是辽西地区史前文化发展的转型期。红山文化平底筒形罐和彩陶在这一时期得到了一定的继承与发展，但也出现了较多新的文化因素，如陶器纹饰中几乎不见"之"字纹，代之以细绳纹和方格纹等；彩陶数量减少，彩绘陶出现且数量不断增多，成为其后早期青铜时代发达彩绘传统的萌芽；墓葬均为土坑竖穴墓，红山文化晚期的石棺墓与积石冢几乎不见，此前占据葬式主流的仰身直肢葬也逐渐让位于屈肢葬；玉器使用传统衰落，红山文化时期发达的玉礼制几乎不见。

进入早期青铜时代，以夏家店下层文化为代表，辽西地区进入新的社会发展阶段。此前延续四千余年的平底筒形器传统终结，

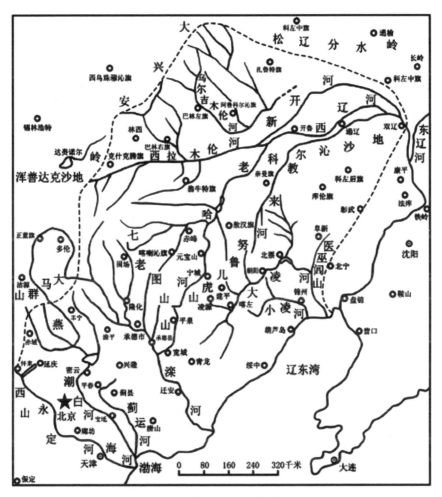

辽西地区地理位置图

三足器成为陶器的主流；遗址的分布数量和密度超过以往任何时期，聚落分化明显，出现了大型城址和祭祀中心；从大型城址到小型聚落的布局均重点强调防御功能，战争成为影响当时社会的核心要素之一；社会内部贫富分化加剧，等级制度明晰，男性在社会生活中占据主导地位；宗教信仰具有较强的控制力，祭祀活动成为社会生活的重要组成部分，祭祀天地成为宗教典礼中的核

心内涵；农业经济成为获取食物资源的主要方式，家畜饲养业发达；生产力水平显著提高，青铜冶炼和铸造技术取得飞跃性进步；对外文化交流进一步加强，与中原和周边地区文化具有密切的往来关系。

辽西地区的考古工作早在 19 世纪末就已开始，是中国现代考古学的肇始地之一。早期工作均为外国学者所做，如 1895—1898 年，鸟居龙藏多次进入赤峰地区进行考古学及人类学调查，发现了诸多史前遗迹、遗物；1919—1922 年，桑志华、德日进在林西、赤峰、围场、朝阳等地发现多处新石器时代遗址，此后十余年间二人又多次进入当时的热河省进行考古调查。

1930—1940 年，日本学者多次到达辽西地区进行考古调查，如 1931 年江上波夫对林西、白塔子、林东、通辽等地进行了调查，在林西西门外黄土台地上和县城南沙凹地发现新石器时代遗址；1933 年一学术调查研究团在朝阳、凌源、承德、兴隆、赤峰一带调查，发现多处新石器时代遗址，并发掘许多遗物；此后又有 1941 年杉村勇造、黑田等对林东的考察，1942 年鸟山喜一、森常雄、岛田贞彦对承德、赤峰的考察，1943 年岛田正郎、和岛诚一等对巴林地区的调查，都发现了许多史前遗迹和遗物。[1]

最早在辽西地区开展考古工作的中国学者是梁思永先生。1930 年，他主持发掘完黑龙江齐齐哈尔昂昂溪遗址后，转道进入赤峰、林西开展考古调查，发现了查不干庙、双井、陈家营子等多处新石器时代遗址。[2] 抗日战争时期，佟柱臣先生在赤峰、凌源

1　索秀芬、李少兵："燕山南北地区新石器时代考古学文化序列与格局"，载《考古学报》2014 年第 3 期。

2　梁思永："热河查不干庙林西双井赤峰等处采集之新石器时代石器与陶片"，载《梁思永考古论文集》，科学出版社 1959 年版，第 107—144 页。

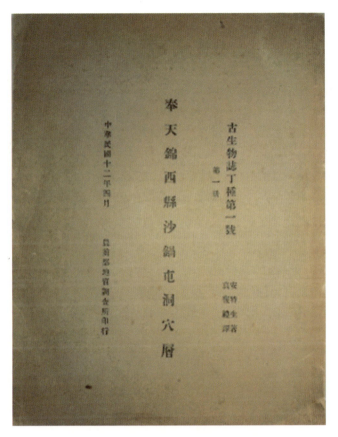

《奉天锦西县沙锅屯洞穴层》报告书影

等地进行了多次考古调查，发现了一些新石器时代遗址，包括后来著名的牛河梁遗址。[1] 由于大部分遗址点均发现数量较多的细石器，由此提出了"细石器文化"的概念，并将调查发现的新石器时代遗存均归入其中。

中华人民共和国成立前，中国学者未在辽西地区开展田野发掘工作，已有的两次考古发掘均为外国人主持。第一次是1921年

---

1 佟柱臣："凌源新石器时代遗迹考察"，载《盛京时报》1943年6月13日、15日第五版；"凌源牛河梁彩陶遗址"，载《建国教育》1943年；"热河先史文化与赤峰红山"，载《盛京时报》1943年8月25—31日连载第四版。

第二住地台地全景

6—7月，安特生和步达生发掘了辽宁锦西沙锅屯洞穴遗址，根据土质、土色的变化将洞穴内堆积分为六层，获得丰富的陶器、石器、骨器等遗物，还在第二层堆积中发现了许多人骨。[1]第二次是1935年5—6月，日本东亚考古学会对赤峰红山后遗址进行了发掘，区分出新石器时代和青铜时代两种考古学文化，即赤峰第一期文化和赤峰第二期文化，[2]对建立本地区的考古学文化序列具有一定的启发意义。但上述两次发掘存在严重技术缺陷，均是采用水平层发掘，未按土质、土色区分地层和遗迹单位，致使不同时期遗物混在一起。发表遗物资料时也无出土单位，难以开展深入研究。

20世纪50年代至60年代开展了第一次全国文物普查，辽西地区新发现较多新石器时代遗址。1954年尹达先生提出了红山文化的命名，指出红山后是北方的细石器文化和中原彩陶文化结合的产物。[3]1962年，发掘巴林左旗富河沟门遗址后，又从细

1　安特生著，袁复礼译：《奉天锦西县沙锅屯洞穴层》，载《古生物志》丁种第1号第1册，农商部地质调查所，1923年。

2　滨田耕作、水野清一：《赤峰红山后》，东亚考古学会，1938年。

3　尹达：《新石器时代》，生活·读书·新知三联书店1955年版。

石器文化中区分出富河文化，[1] 对厘清不同考古遗存的面貌和性质具有重要意义。

　　20 世纪 70 年代至 80 年代进行了第二次全国文物普查，辽西地区新发现大量新石器时代遗址，红山文化坛、庙、冢等祭祀遗迹是这次普查的重要发现。在普查基础上，对兴隆洼[2]、小山[3]、赵宝沟[4]、小河西[5]、西台[6]、查海[7]、东山嘴[8]、牛河梁[9]等重要遗址进行了发掘，提出了兴隆洼文化、赵宝沟文化、小河西文化等的命名，基本建立起辽西地区的史前考古学文化序列，并明确了各考古学文化的时空范围。对东山嘴、牛河梁等红山文化祭祀和埋葬遗址的发掘，不仅使红山文化玉器群得到科学确认，对中国史前玉文化研究产生重大影响，更引发了有关中国文明起源与早期社会发展阶段的大讨论。随着发掘遗址数量的增多，在大面积揭露的基

1　中国科学院考古研究所内蒙古工作队："内蒙古巴林左旗富河沟门遗址发掘简报"，载《考古》1964 年第 1 期。

2　中国社会科学院考古研究所内蒙古工作队："内蒙古敖汉旗兴隆洼遗址发掘简报"，载《考古》1985 年第 10 期。

3　中国社会科学院考古研究所内蒙古工作队："内蒙古敖汉旗小山遗址"，载《考古》1987 年第 6 期。

4　中国社会科学院考古研究所内蒙古工作队："内蒙古敖汉旗赵宝沟一号遗址发掘简报"，载《考古》1988 年第 1 期。

5　中国社会科学院考古研究所："敖汉旗榆树山、西梁遗址"，载《中国考古学年鉴·1989》，文物出版社 1990 年版，第 131—132 页。

6　杨虎、林秀贞："内蒙古敖汉旗红山文化西台类型遗址简述"，载《北方文物》2010 年第 3 期。

7　辽宁省文物考古研究所："阜新查海新石器时代遗址试掘简报"，载《辽海文物学刊》1988 年第 1 期。

8　郭大顺、张克举："辽宁省喀左县东山嘴红山文化建筑群址发掘简报"，载《文物》1984 年第 11 期。

9　辽宁省文物考古研究所："辽宁牛河梁红山文化'女神庙'与积石冢群发掘简报"，载《文物》1986 年第 8 期。

础上，有关聚落形态与社会发展的研究也逐步展开。

20 世纪 80 年代末至 90 年代初，为配合基本建设，在辽西地区北部发掘了林西县白音长汗[1]和水泉[2]、克什克腾旗南台子[3]和盆瓦窑[4]、巴林右旗塔布敖包[5]、巴林左旗二道梁[6]等遗址。上述工作的开展，一方面丰富了发掘资料，使得西拉木伦河流域新石器时代考古学文化的面貌与内涵更加清晰，从而为相关学术问题的解决提供了新材料与新线索；另一方面在多处遗址发现了不同考古学文化遗存之间的叠压、打破关系，对科学判断遗存间的相对年代和建立辽西地区史前考古学文化序列意义重大。随着考古材料的不断累积，有关史前考古学文化序列与相互关系的研究也日渐深入，杨虎[7]、朱延平[8]、刘国祥[9]等均发表了极具启发性的意见。

1　内蒙古自治区文物考古研究所："林西县白音长汗新石器时代遗址"，载《中国考古学年鉴·1989》，文物出版社 1990 年版，第 132 页。

2　内蒙古自治区文物考古研究所："林西县水泉遗址发掘述要"，载《内蒙古文物考古文集》第二辑，中国大百科全书出版社 1997 年版，第 78—84 页。

3　内蒙古自治区文物考古研究所："克什克腾旗南台子遗址发掘简报"，载《内蒙古文物考古文集》第一辑，中国大百科全书出版社 1994 年版，第 87—95 页。

4　郭治中："克什克腾旗盆瓦窑新石器时代遗址"，载《中国考古学年鉴·1992》，文物出版社 1993 年版，第 169—170 页。

5　齐晓光："巴林右旗塔布敖包新石器时代及夏家店上层文化遗址"，载《中国考古学年鉴·1992》，文物出版社 1993 年版，第 171—172 页。

6　内蒙古自治区文物考古研究所："巴林左旗友好村二道梁红山文化遗址发掘简报"，载《内蒙古文物考古文集》第一辑，中国大百科全书出版社 1994 年版，第 96—112 页。

7　杨虎："辽西地区新石器—铜石并用时代考古学文化序列与分期"，载《文物》1994 年第 8 期。

8　朱延平："辽西区新石器时代考古学文化纵横"，载《内蒙古东部区考古学文化研究文集》，海洋出版社 1991 年版，第 9—14 页。

9　刘国祥："西辽河流域新石器时代至早期青铜时代考古学文化概论"，载《辽宁师范大学学报》2006 年第 1 期。

同时随着区域性考古调查方法在这一时期引入辽西，至 21 世纪初已开展多项区域性系统调查工作，为进一步分析遗址分布、聚落布局和社会形态研究提供了新素材。

20 世纪 90 年代末以来，随着赵宝沟、大南沟、白音长汗等遗址发掘报告的出版，特别是 2012 年查海、牛河梁遗址发掘报告出版以来，辽西地区的新石器时代考古学研究进入了新阶段，学者们针对文化分期与年代、文化交流与互动、聚落形态等进行了更多有益的讨论。以敖汉旗兴隆沟 [1]、林西县井沟子西梁 [2]、扎鲁特旗南宝力皋吐 [3]、赤峰市魏家窝铺 [4]、科尔沁左翼中旗哈民忙哈 [5] 等遗址的发掘为代表，不仅丰富了兴隆洼文化、红山文化、小河沿文化的内涵，也在聚落形态、经济形态、埋葬习俗、宗教信仰、文化交流、环境考古等方面均取得了丰硕成果。

中国现代考古学诞生以来，已走过百年的历程。谈起中国考古学的发端，一般以安特生发掘仰韶村为标志。但应该说明的是，1921 年安特生是在发掘完锦西沙锅屯洞穴遗址后转而南下，于当年 10 月在河南渑池对仰韶村遗址进行了发掘。上述情况表明，锦西沙锅屯是中国近代田野考古史上第一次经过正式发掘的遗址，

1　中国社会科学院考古研究所内蒙古第一工作队："内蒙古赤峰市兴隆沟聚落遗址 2001～2003 年的发掘"，载《考古》2004 年第 7 期。

2　吉林大学边疆考古研究中心、内蒙古自治区文物考古研究所："内蒙古林西县井沟子西梁新石器时代遗址"，载《考古》2006 年第 2 期。

3　内蒙古自治区文物考古研究所："2006 年扎鲁特旗南宝力皋吐墓地的发掘"，载《内蒙古文物考古》2007 年第 1 期。

4　段天璟、成璟瑭、曹建恩："红山文化聚落遗址研究的重要发现——2010 年赤峰魏家窝铺遗址考古发掘的收获与启示"，载《吉林大学社会科学学报》2011 年第 4 期。

5　内蒙古自治区文物考古研究所、科左中旗文物管理所："内蒙古科左中旗哈民忙哈新石器时代遗址 2010 年发掘简报"，载《考古》2012 年第 3 期。

辽西地区也成为中国考古工作开展较早、时间较长的地区之一，其在中国考古学发展史上具有开创和引领地位。

在考古学区系类型划分中，辽西地区属于以长城地带为中心的北方地区东部，是研究中国文明起源及早期文明化进程的重要区域。1908 年鸟居龙藏在西拉木伦河流域发现红山文化遗物，以此为标志，红山文化也是辽西地区发现与命名最早、知名度最高的新石器时代考古学文化。1981 年，孙守道、郭大顺先生调查并试掘了牛河梁遗址。1983 年，开始正式考古发掘，掀开了红山文化埋葬和祭祀遗存的面纱。女神庙、女神像的横空出世，用岫岩透闪石河磨玉雕琢而成的玉猪龙、勾云形玉器、斜口筒形玉器等代表性玉器的相继出土，震惊了世界，也掀起了学术界关于文明起源与发展的大讨论，意义重大，影响深远。

作为 20 世纪 80 年代中国重大的考古发现之一，苏秉琦先生据东山嘴、牛河梁等红山文化遗址的发现提出"探索辽西古文化古城古国"这一重大课题，他认为："我国早在五千年前，已经产生了植根于公社、又凌驾于公社之上的高一级的社会组织形式。"[1] 正是由于这些突破性发现，使得红山文化成为研究西辽河上游地区文明化进程及中国文明起源特征的核心内容。

1　苏秉琦："辽西古文化古城古国——兼谈当前田野考古工作的重点或大课题"，载《文物》1986 年第 8 期。

第一章　万年文明起步

在考古学区系类型划分中，辽西地区属于以长城地带为中心的北方地区东部，是研究中国文明起源及早期文明化进程的重要区域。红山文化的发展得益于本地区旧石器时代文化及新石器时代早期文化的重要铺垫。早在 5 万年前的旧石器时代中、晚期，赤峰地区就有人类生活繁衍，翁牛特旗上窑、阿鲁科尔沁三龙洞、喀喇沁旗大牛洞的发现，清晰地勾勒出了最早先民的生产生活场景。燕山以南的承德、唐山等地也发现了较为丰富的旧石器时代遗存，同样多属旧石器时代晚期，为新石器时代考古学文化的出现与发展奠定了重要基础。

距今 12000—10000 年的全新世早期，旧石器时代结束，以定居、陶器和早期农业为特征的新石器时代开始发端。燕山以南的北京及冀西北地区是研究中国北方旧—新石器过渡阶段和新石器时代早期遗存的关键地域，目前这一阶段的遗址数十处，为裴李岗时代的重要奠基期，是万年文明的起步阶段。

一、旧石器时代文化

作为红山文化核心分布区的内蒙古东南部和辽宁西部发现的

旧石器遗存不多,主要集中于赤峰和朝阳两地,集中于旧石器时代中、晚期,且绝大部分为洞穴遗址。主要有朝阳喀左鸽子洞,赤峰翁牛特旗上窑[1]、阿鲁科尔沁三龙洞[2]及喀喇沁旗大牛洞。

(一)喀左鸽子洞遗址

鸽子洞是目前朝阳境内发现的最早的古人类居住地,属旧石器时代中期,距今约10万年。

鸽子洞位于朝阳市喀喇沁左翼蒙古族自治县水泉乡西地村紧靠大凌河西岸的西汤山峭壁上,距县城约20公里,是经地下水溶蚀作用而形成的天然石洞,因洞中多有鸽子栖息,故俗称鸽子洞。鸽子洞共有上、中、下三个溶洞,其中主洞面积约18平方米,进深15米。鸽子洞居高临下,洞口高敞向阳,既防风又遮雨,可谓古人类的理想之所。

1973年和1975年,中国科学院古脊椎动物与古人类研究所联合朝阳市文物部门,对鸽子洞先后进行了两次发掘。发现洞内灰烬层厚达五米以上,出土300余件打制石器,有砍砸器、尖状器、刮削器等,多为石英岩和燧石打制而成。更为关键的是,洞内发现四件人骨化石,有乳突、髋骨、枕骨和一颗完整的儿童门齿。此外还发现30余种古代动物化石,主要有肿骨鹿、羚羊、鬣狗、野猪、野马、虎、豹、狼、洞熊、沙狐和鱼类、鸟类化石等。

(二)翁牛特旗上窑遗址

1974年文物工作者在赤峰市翁牛特旗上窑村北老虎洞山山顶的石崖下发现了属于旧石器时代晚期人类居住的洞穴。洞穴处在

---

1 翁牛特旗志编纂委员会:《翁牛特旗旗志》,内蒙古人民出版社1993年版,第709页。

2 单明超、娜仁高娃、周兴启、陈福友:"内蒙古赤峰三龙洞发现五万年前旧石器遗址",载《中国文物报》2017年10月20日第008版。

距地表100余米高的老虎洞山山顶之上,洞口呈半圆形,深10余米,宽约6米,高约3米。山南为一片较开阔的丘陵地,山下泉水终年不涸,宜于古人类居住。

在洞口附近采集到3件打制石器,其中较大型砍砸器1件,刮削器2件,另采集到一块被火烧过的鹿骨化石。1975年,我国著名古人类学家贾兰坡教授鉴定了这批文物,确认为旧石器时代遗物,距今约1.2万年。

(三)阿鲁科尔沁旗三龙洞遗址

三龙洞遗址位于赤峰市阿鲁科尔沁旗巴彦温都苏木吉布图嘎查北部的三龙山上,第三次全国文物普查期间,阿鲁科尔沁旗文管所考古工作者在洞内发现有打制石器。2015年5月,中国科学院古脊椎动物与古人类研究所、内蒙古博物院、赤峰学院历史

三龙洞遗址发掘现场照片

文化学院与阿鲁科尔沁旗文化局联合对该洞穴进行调查，确认三龙洞为一处旧石器时代遗存，并发现2个包含打制石器的层位。2016年8—9月，正式对三龙洞遗址进行了联合发掘，清理面积近20平方米。

本次发掘为试掘清理，首先对洞内的两处扰坑堆积进行了清理和筛拣，然后沿坑边选定2个区域进行发掘，其一位于洞穴最内侧的扰坑东侧，布设南北3米×东西1.5米的探方，此处为T1；其二为洞穴中部扰坑的西侧和南侧，分别布设1.5米×1.5米的T2和2米×2米的T3。采用水平层方法发掘，依据遗物分布的密度，以5—10厘米为一层自上而下进行发掘；以1—2毫米网目的细筛对发掘出的堆积物进行筛选，以探方和水平层为单位全面收集石制品碎屑等；发掘全过程使用全站仪记录石制品出土位置与坐标。

本次发掘取得了较为重要的收获，初步厘清了三龙洞遗址的地层堆积状况，发掘深度约2.5米，共分5个层位，其中第4层为旧石器时代原生层位，厚度0.5—1米，主要为角砾和黄色粉砂质堆积的混合，包含较多石器和灰烬；第5层为致密的角砾堆积，在顶部有少量石器和灰烬，中下部无文化遗物。根据碳十四测年结果可知，第4、5层年代约为距今5万年，实际年代可能更早。

发掘获得了丰富的石制品标本，其中在第4—5层的原生地层中出土约500件；第1—3层的扰乱堆积中筛选出石制品千余件，与原生地层中的石制品特征一致。未发现动物化石。石器类型以横刃刮削器和尖状器为主，未见旧石器时代晚期流行的端刮器、雕刻器等器类。石核多为向心剥片的盘状石核，未发现技术特征明确的石叶，石料主要为各类火山岩。概括而言，三龙洞的石制品属技术特征明确的旧石器中期组合，与中国北方同时期的遗存差别较大，而与欧亚大陆中、西部旧石器中期的石制品组合表现出了较多的相似性。

清理及挑选三龙洞石器标本

此次发掘明确了三龙洞遗址旧石器时代遗存的原生层位，是赤峰首次发现的具有明确原生层位的旧石器遗址，将该地区史前人类的历史推前至距今约5万年前。石制品的初步观察显示其具有特征明显的旧石器中期技术特征，以存在较高比例的盘状石核，陡向修理的刮削器、尖状器为特点。以往中国北方具有明确旧石器中期技术特征的遗址发现较少，有学者因此推论中国不存在旧

石器中期石器技术。近年来随着内蒙古金斯太[1]、新疆通天洞[2]等遗址的发现，此类遗存逐渐增加，三龙洞遗址的发现无疑又为这一研究提供了新材料。三龙洞发现的石制品组合与内蒙古金斯太遗址、蒙古国戈壁地表发现的部分石制品及俄罗斯西伯利亚、阿尔泰地区等地的发现具有一定相似性，同时具有较为明显的自身特征，为研究东亚旧石器时代中期技术的历时性演变、区域多样化及古人类的区域适应方式、人群交流和技术传播等提供了重要材料。

（四）喀喇沁旗大牛洞遗址

大牛洞遗址位于内蒙古自治区赤峰市喀喇沁旗大牛群乡大牛群村西北部的山前地带，地理坐标为东经 118° 35′ 19.33″、北纬 41° 58′ 30.34″，海拔 868 米。洞穴位于东西走向山脉的半山腰，方向 138°，高出河谷耕地约 30 米。洞穴南侧 300 米为东西走向的木匠营子河，汇入锡伯河。洞口面阔约 5 米、高 3.3 米、进深 13 米。2017 年，赤峰学院历史文化学院、内蒙古博物院与中国科学院古脊椎动物与古人类研究所在野外调查工作中发现该洞并判断为旧石器时代遗址。根据本次发掘的初步测年数据可知，遗址的年代约为距今 5 万—3 万年，属于旧石器时代中晚期。该遗址的石制品分布遍布洞穴和洞口，遗物分布面积约 300 平方米，洞中有个别现代坑扰乱，保存状况基本完好。

2018 年 7 月初，考古队员到达遗址现场，前期先在遗址周边进行了考古调查，寻找与遗址有关的信息。7 月下旬开始正式发掘，

1　王晓琨、魏坚、陈全家、汤卓炜、王春雪："内蒙古金斯太洞穴遗址发掘简报"，载《人类学学报》2010 年第 1 期。

2　于建军："2016—2017 年新疆吉木乃县通天洞遗址考古发掘新发现"，载《西域研究》2018 年第 1 期。

大牛洞遗址发掘现场

至 9 月初完成发掘工作。大牛洞遗址的发现，是赤峰地区旧石器考古的又一重要成果，前期上述单位调查和发掘了三龙洞遗址，获得了 5 万多年前的旧石器文化遗存，打开了赤峰地区原生地层中的旧石器研究大门，确认了该地区旧石器时代文化遗物的确切地层、年代和文化面貌，推断该区域应该有比较丰富的旧石器时代遗址，大牛洞遗址的发现证实了这一判断。目前该区域有确切地层依据的旧石器文化遗存只有三龙洞一处，急需更多的正式发掘的遗址来提供可靠的石器标本，对大牛洞遗址进行发掘，获取更多原生地层的旧石器时代遗存，建立区域旧石器文化序列是本次发掘的主要学术目的。

　　本次发掘的地层深度最深处近 3 米，一般厚度在 1 米左右。地层堆积复杂，第 1 层为混杂层，堆积物为灰土与角砾，包含现

大牛洞遗址石器标本挑选

代遗物、清代瓷片、铜钱等，厚度约 0.1 米；第 2 层为旧石器文化层，厚度 0.5—1 米，细分 3 个亚层，主要堆积为角砾和黄沙的混杂堆积，含较多打制石器，有明确的灰堆遗迹，内有较多灰烬和少量木炭，未发现动物化石；第 3 层为褐色角砾层，厚度不均，无文化遗物；第 4 层为大块角砾层，无文化遗物，未见底。

　　本次发掘从原生地层中出土了编号石制品 5000 余件，包括石核、石片、石器、断块、残片等，类型丰富，其中石片数量最多，达 3000 余件，其中残片和断块 2000 余件，石核 200 余件，石器所占比例较小，其中共 140 余件，另外还筛出大量的石制品碎屑，显示该遗址为一处石器加工地点，也说明洞内遗存为原地埋藏，古人在洞穴中进行石制品的生产活动。该遗址未发现动物化石，有较多的灰烬和少量木炭标本。

遗址内共发现灰堆 5 个，其中 H1 为现代用火遗留，H2—H5 为旧石器地层中的遗迹，以 H4 和 H5 最典型，灰烬分布密集，有明确的范围，但没有火塘和石块的结构，应该为原地堆烧，属于简单的用火遗迹，是古人类有控制地用火的考古证据。

大牛洞旧石器遗址的发掘，确认了该遗址的原生地层属性，是赤峰地区第二个有确切地层依据的旧石器时代遗址，并进行了初步的科学测年，时代在距今 3 万年以上，出土了丰富的打制石器，系列采集了环境分析样品，将解决遗址的植被和气候等环境问题。大牛洞遗址是一处原地埋藏且文化遗物十分丰富的旧石器遗址，并且有明确的用火遗迹，对区域旧石器文化序列的建立和中国北方旧石器时代古人类的生存研究都是十分重要的考古收获。

尽管赤峰地区目前发现和经发掘的旧石器时代遗址较少，但在同属辽西文化区的燕山及其南麓地带，区域内地貌类型复杂多样，目前已发现百余处旧石器时代遗址或地点，其中多数为近年文物普查时发现，已发掘的有四方洞[1]、爪村[2]、孟家泉[3]、大所各

1　兴隆县文物保护管理所："承德市四方洞旧石器文化遗址发掘简报"，载《文物春秋》1992 年 2 期。中国科学院古脊椎动物与古人类研究所、河北省文物研究所："四方洞——河北第一处旧石器时代洞穴遗址"，载《文物春秋》1992 年增刊。

2　张森水："河北迁安县爪村地点发现的旧石器"，载《人类学学报》1989 年 8 卷 2 期。谢飞：《迁安爪村旧石器时代晚期文化遗址》，载《中国考古学年鉴》(1990)，文物出版社 1991 年版。唐山市文物管理处："唐山地区发现的旧石器文化"，载《文物春秋》1993 年 4 期。

3　河北省文物研究所、唐山市文物管理处、玉田县文保所："河北玉田县孟家泉旧石器遗址发掘简报"，载《文物春秋》1991 年 1 期。

庄[1]、东灰山[2]、淳泗涧[3]、化子洞[4]等，多属旧石器时代晚期，文化层多埋藏于河流的二级阶地堆积中。另外，在与其时代相近的洞穴堆积中也有发现。

旧石器时代晚期燕山地带有三种文化类型，一是时代较早的小石器文化，一是时代较晚的细石文化，还有一种是时代介于前两者之间、小石器向细石器过渡的文化类型。

小石器文化以承德四方洞和唐山爪村遗址为代表。石制品原料各具特色，四方洞以石英砂岩和火成岩为主，爪村下文化层以燧石为主。锤击法是打片和加工石器的主要方法，也发现有少量用砸击法打片、压制法加工石器的标本。石器中刮削器最常见，另外还有砍砸器、尖状器、凹缺刮器、石锥、雕刻器等。两遗址均发现有多件带有人工打击疤痕的骨制品。关于年代，爪村下文化层和四方洞两遗址都有测年数据可供参考，前者铀系法测年为距今4.8万或4.4万年左右，后者经碳14测年为距今2.8万年左右。根据上述数据并结合地层、动物化石分析，两遗址的文化时代均属旧石器时代晚期的较早阶段。

细石器文化遗存多分布于燕山南麓地带，包括大所各庄、东灰山、淳泗涧、化子洞、爪村上文化层等。

各遗址发现的石制品个体均较小，均以燧石为主要原料。其

1　李腊：《抚宁县大所各庄细石器遗址》，载《中国考古学年鉴》(1997)，文物出版社1999年版。

2　河北省文物研究所："燕山南麓发现细石器遗址"，载《考古》1989年11期。

3　河北省文物研究所、秦皇岛市文物管理处、昌黎县文物保管所："河北昌黎淳泗涧细石器地点"，载《文物春秋》1992年增刊。王恩霖："河北昌黎淳泗涧细石器遗址的新材料"，载《人类学学报》1997年16卷1期。

4　刘连强、张守义、王艳兰："平泉化子洞发掘旧石器时代遗址"，载《中国文物报》2000年11月8日。

中船形石核最具代表性，不但器形规整，而且技法纯熟。石器加工精细，形态稳定，器类丰富，包括刮削器、端刮器、凹缺刮器、尖状器、琢背小刀、石锥等。爪村上文化层发现有磨制的骨针和带有刻纹的骨锥，化子洞遗址发现有两面穿孔的骨珠。燕山地带的细石器文化遗存，虽然目前尚无测年数据，但根据地层堆积及文化面貌可知，其明显晚于当地的小石器文化遗存，已处于旧石器时代晚期的晚段。

小石器向细石器过渡类型的文化遗存目前仅见孟家泉遗址一处。石制品原料以采自北部山区的燧石为主，锤击的石核、石片最多，砸击的石核、石片次之，间接技术产生的细石核（包括楔形和不规则形）、细石叶最少。石器数量大，加工精致，种类繁多。成熟的小石器与代表先进技术的细石器共存，是孟家泉遗址石工业最主要的特点，其中小石器的数量大、类型多，是石制品的主体，包括刮削器、尖状器、石锥等器类；细石器所占比例较小，以楔形石核、端刮器、琢背石刀、镰状器等为代表。发现有属晚期智人的顶骨残片、带 3 枚牙齿的残上颌骨化石各 1 件。从地层及文化面貌上看，孟家泉遗址的相对年代应处于前述的小石器和细石器两类文化遗存之间，经测定绝对年代为距今 1.8 万年左右。

二、新石器时代早期遗存

目前，辽西地区已知年代最早的新石器时代考古学文化为小河西文化，年代接近新石器时代中期，未发现典型的新石器时代早期遗存。从聚落形态、陶器、石器等来看，燕山以南冀西北、北京地区的新石器时代早期遗存同小河西文化表现出了较多的相

似性，可作为探索辽西地区新石器时代早期文化的重要线索。燕山南麓新石器时代早期遗址基本分布在华北平原太行山东麓和燕山南麓及其山前冲积平原，发现的遗址有北京东胡林墓葬[1]、徐水南庄头遗址[2]和转年遗址[3]、桑干河流域的泥河湾地区的于家沟遗址[4]等。

（一）南庄头遗址

南庄头遗址位于河北省保定市徐水县高林村乡南庄头村东北2公里处，周围地势西北高、东南低，海拔21.4米。其东部不远处为萍河，西、南方分别有鸡爪河、瀑河，这些河流均注入白洋淀。1987、1997年，北京大学考古系、保定地区文物管理所及河北省文物研究所等单位先后对遗址进行了两次发掘。

南庄头遗址发现遗迹较少，仅揭露一条灰沟，所出遗物包括骨器、角器、石器、少量陶片，有人工凿孔痕迹的木棒、木块，还有较多的石料、兽骨、禽骨、鹿角、蚌壳、螺壳、木炭等自然遗物，有的兽骨、鹿角留有明显的加工痕迹。陶器均为碎片，均为夹砂陶，内含较多大小不等的砂粒，另有一定数量的石英和其他矿物。陶片内掺有大颗粒的角闪石和少量的长石，大者长达4毫米，因烧成温度低，大都保持原来的晶体结构。器类比较单调，

1　北京大学考古文博学院、北京大学考古学研究中心、北京市文物研究所："北京市门头沟区东胡林史前遗址"，载《考古》2006年第7期。

2　保定地区文物管理所、徐水县文物管理所、北京大学考古系、河北大学历史系："河北徐水县南庄头遗址试掘简报"，载《考古》1992年第11期。

3　郁金城、李超荣、杨学林、李建华："北京转年新石器时代早期遗址的发现"，载《北京文博》1998年第3期。

4　泥河湾联合考古队："泥河湾盆地考古发掘获重大成果"，载《中国文物报》1998年11月15日。梅惠杰、谢飞：《华北新旧石器时代的过渡——泥河湾盆地阳原于家沟遗址》，载《中国十年百大考古新发现（1990～1999）》，文物出版社2002年版。

南庄头遗址出土陶片

仅见罐、盂、钵等。罐一般为平方唇，微折沿，腹壁较直，平底，有的沿下有不规整附加堆纹。盂为圆方唇，浅腹，沿下有乳状凸起。陶器质地疏松，烧制温度较低，胎壁厚薄不匀，在0.8—1厘米之间。陶色斑驳，同一块陶片的不同部位往往分别呈黄褐色、灰色或深灰色，从断面看，胎心常为灰褐色或黑色，器表和内壁为黄色或褐色。器表除素面外，纹饰以浅细绳纹为主，部分器物的口沿及颈部饰附加堆纹或在口沿外侧饰剔划纹，部分陶片上有钻孔现象。石器较少，仅发现磨盘、磨棒、少量石锤和打制的石英、燧石、玛瑙、石榴石、云母石片等。骨、角器较发达，多选用动物肢骨及鹿角切割、打磨而成，遗址中发现的鹿类动物的角大多有砍削痕迹。主要器类包括骨锥、骨镞和角锥。有人工凿孔的木棒一面留有似因捆绑而形成的凹槽，条状木板上有人工凿割的凹槽，用途不明。

（二）转年遗址

转年遗址位于北京市怀柔区宝山镇转年村西，是目前北京地

区发现的时代最早的新石器时代遗址。1992年北京市文物研究所对遗址进行了试掘，1995—1996年进行了正式发掘。遗址呈带状，南北长约80米，东西宽约30米，面积约2500平方米。文化堆积厚3—4米，可分4层，其中第4层为新石器早期文化层，为黑灰沙黏土，厚0.3—1米，包含石片、石叶、刮削器、细石核、炭屑、红烧土块，还有少量素面夹砂褐陶片等。

出土遗物包括陶器和石器等。陶器以夹砂褐陶为主，胎内含大量石英颗粒，质地疏松，火候不匀，陶色斑驳，呈黄褐色、灰褐色，胎心为黑色。器表经打磨较光滑，器内壁较粗糙，多素面，个别器物口沿下饰附加堆纹或凸钮。器类单一，流行平底器，主要器形有筒形罐和平底直壁带凸钮盂。陶器均手制，从陶片断面观察，可看出片状贴塑痕迹，有的陶片内外成片脱落，应为泥片贴塑法制成。石制品出土数量最多，达15000余件，包括小型石器、细石器和少量磨制石斧、磨盘、磨棒和石容器等。小型打制石器有砍砸器、盘状器和石片等。细石器制作精细，数量较多，有石核、刮削器、细石叶等，尤其是楔形、铅笔头形细石核及细石叶和圆头刮削器等器型最具特色，表现出较明显的旧石器时代晚期石制品特征。转年遗址没有发现房址，大量石器、石屑的发现，表明此处应该是一处石器制造场。

（三）东胡林遗址

东胡林遗址位于北京市门头沟区东胡林村西，永定河支流清水河北岸的二级阶地上。1966年曾在遗址发现3具人骨化石及石器、骨器等文化遗物，由中国科学院古脊椎动物与古人类研究所进行了清理，初步认为属新石器时代。结合墓葬位于全新世黄土底部、马兰黄土顶部，因此将其年代定为新石器时代早期，为

东胡林遗址发现的屈肢葬

北京市和华北地区新石器时代早期文化的研究与探索提供了重要
线索。

2001、2003 年，北京大学考古文博学院、北京市文物研究所
联合对东胡林遗址进行发掘。2005 年又对该遗址进行了第三次发
掘，揭露面积共 80 余平方米，清理了灰坑、火塘、墓葬、房址等
遗迹，出土一批重要的文化遗物，并浮选出丰富的动植物遗存。
同时还发现一座新石器时代早期屈肢墓葬。

陶器皆为残片，共计 60 余件。多数为器物的腹部残片，也有
口沿和器底。均为夹砂陶，有夹粗砂和夹细砂之分，其中夹粗砂
者占多数，器表多不光滑。陶片表面一般为红褐色或灰褐色，因
烧制温度不高，大多数颜色斑驳，质地松软。陶片大多为素面，
少数饰有附加堆纹、压印纹。从断面观察，有的陶片采用了泥条
盘筑法，有的则呈片状脱落，是否为泥片贴塑还需进一步研究。

从发现的器底观察，一般为平底器，未见圜底器。器形主要有平底直腹盆，有的可能属罐、碗等类器。

石器种类有打制石器、磨制石器和细石器等，以打制石器居多，其次是细石器，磨制石器数量很少。所用石料为河滩砾石，质地有凝灰岩、砂岩、页岩、花岗岩、脉石英、燧石等。打制石器包括砍砸器、刮削器、尖状器等。大多加工比较简单，有的稍加打制即成；少数制作较精细，采用两面加工方法，刃部较锋利。细石器有石核、石片、石叶等，多用燧石制成，加工较为精细。磨制石器数量较少，仅见小型斧及锛类器。一般只是局部磨光，器身留有打击疤痕；仅个别小型器物通体磨光。遗物中有多件琢磨而成的石磨盘、磨棒。除上述石制品外，还出土有石臼和用于研磨赤铁矿颜料的石研磨器，以及使用过的赤铁矿石。

（四）于家沟遗址

于家沟遗址属于河北省阳原县泥河湾盆地虎头梁遗址群，位于河北省阳原县泥河湾盆地桑干河支流第二阶地堆积中。1995—1997年进行了发掘，文化层厚达7米，分上、中、下层三部分，年代跨度在距今14000—5000年间。上层含陶片和磨制石器，为新石器时代中、晚期堆积。中层偏下出土夹砂黑褐陶片和夹砂黄褐陶片、一件大部磨光的石矛头（或尖状器）以及用贝壳、螺壳、鸟骨制成的装饰品。陶片质地粗糙疏松，多为素面，仅有制作时偶然留下的痕迹。其中最大的一片为夹砂黄褐陶平底器底部，热释光测年距今11000年。无论从陶器特征还是测年观察，于家沟遗址都应早于南庄头遗址，是本地区目前发现的年代最早的陶片之一，可能代表了陶器制作的初始阶段。下层未见陶片和磨制石器，仅有细石器工艺制品和装饰品出土。各层都出土细石器，均以楔形石核、细石叶为多，常见石器类型有端刮器、尖状器、雕刻器和锛状器等。出土的动物遗骸以羚羊角、羚羊上下颌骨和骨片为多，也有野马、野驴等。

于家沟遗址经历了旧石器时代末期、新石器时代早期和新石器时代中、晚期等不同的发展阶段。新石器时代早期的经济类型以猎取羚羊和采集为主，对研究旧石器时代向新石器时代过渡以及农业、制陶业的起源等问题具有重要意义。

以上遗址虽然缺少很直观的遗迹现象，但南庄头遗址沙土面上发现成片的火烧痕迹，周围散布有猪、鹿的骨头，石磨盘、石磨棒和炊煮食物的陶罐残片，从中我们可以推断，当时聚落形态已从更早阶段的洞穴形式转移到河流附近的平地。通过聚落面积看，普遍较小，堆积较简单，地层厚度不一，说明在个别遗址上有长期活动的现象。

辽西地区地貌类型多样，虽属干旱半干旱的交界地区，但总体生态环境仍较为理想，尤其是有堆积深厚的黄土。古气候研究也表明全新世早、中期，辽西地区的水热条件较好，适宜古人类的生存。根据旧石器时代及新石器时代早期遗址的分布规律，开展专项考古调查，发现和确定更多的早于小河西文化的遗存，应是辽西考古今后的一项重要课题。值得注意的是，冀蒙交界的坝上地区为华北地区与欧亚草原之间的过渡地带，是历史上农耕民族与游牧民族的交界地区，也是草原丝绸之路的必经之地。2010年以来，随着河北省张家口市尚义县四台遗址[1]、康保县兴隆遗

1　张家口市文物考古研究所："河北尚义县四台新石器时代遗址发掘简报"，载《考古》2018 年第 4 期。

址[1]，内蒙古乌兰察布市化德县裕民遗址[2]、四麻沟遗址[3]，锡林郭勒盟镶黄旗乃仁陶力盖遗址[4]等的发掘，展现出了一种新的文化面貌，为冀蒙晋交界地区的新石器文化研究注入了新的文化因素，基本建立起了这一区域旧石器时代晚期—新石器时代晚期的文化序列，尤其是新石器时代早、中期遗存的发现和确认，更是填补了北方地区考古学发掘和研究的空白，对于构建该地区新石器时代早中期考古学文化序列、年代框架，探索该地区聚落与社会发展历程，深化该地区生业模式、生产技术演变、环境变迁等研究具有极为重要的意义。

1　中国国家博物馆、河北省文物考古研究院等："河北康保县兴隆遗址2018—2019年发掘简报"，载《考古》2021年第1期。

2　内蒙古自治区文物考古研究所、乌兰察布市博物馆、化德县文物管理所："内蒙古化德县裕民遗址发掘简报"，载《考古》2021年第1期。

3　内蒙古自治区文物考古研究所、故宫博物院、乌兰察布市博物馆、化德县文物管理所："内蒙古化德县四麻沟遗址发掘简报"，载《考古》2021年第1期。

4　内蒙古自治区文物考古研究所："2020年内蒙古自治区文物考古研究所考古综述"，载《草原文物》2021年第1期。

第二章　千载文化积淀

　　辽西文化区是中国现代考古学的发端之地，地理位置优越关键，历史文化连续绵长，是中华文明起源和中华民族多元一体格局形成中不容忽视的重要区域，是学术界公认的考古"圣地"。

　　经过一个世纪以来几代考古工作者的不懈努力，目前已基本建立起西辽河流域史前至早期青铜时代的考古学文化序列，从早到晚依次为小河西文化、兴隆洼文化、富河文化、赵宝沟文化、红山文化、小河沿文化及夏家店下层文化[1]，文化发展具有独特性、连贯性的特点，在整个东北地区独树一帜，也成为全国文化谱系较完善、较清晰的地区之一。作为本地区新石器时代考古学文化发展的高峰，红山文化之前的小河西文化、兴隆洼文化、富河文化及赵宝沟文化为其形成、发展和繁荣奠定了雄厚的基础。

一、小河西文化

　　20世纪80年代初，敖汉旗文化馆在孟克河沿岸及附近地区

　　1　刘国祥："西辽河流域新石器时代至早期青铜时代考古学文化概论"，载《辽宁师范大学学报》2006年第1期。

敖汉旗西梁遗址房址分布图

进行文物普查时，发现十余处包含素面夹砂陶的遗址，尤其在千斤营子遗址发现遗物最为丰富，调查者认为这类遗存年代较早，可暂称为千斤营子类型[1]。1987年，中国社会科学院考古研究所内蒙古工作队发掘了孟克河左岸的小河西遗址，揭露面积约300平方米，清理房址3座。[2]1988年7月，中国社会科学院考古研究所内蒙古工作队发掘了翁牛特旗大新井遗址，清理半地穴式房址2座，出土筒形罐、石斧、饼形器和双猪首石雕等遗物，发掘者认

　　1　邵国田："千斤营子遗址与小河西文化"，载《敖汉文物精华》，内蒙古文化出版社2004年版，第9页。

　　2　杨虎、林秀贞："内蒙古敖汉旗小河西遗址简述"，载《北方文物》2009年第2期。

为是一种新的考古学文化类型，其年代与兴隆洼文化相距不远。[1]
同年9—11月，中国社会科学院考古研究所内蒙古工作队又对孟
克河右岸的榆树山和西梁遗址进行了发掘，共揭露 1500 平方米，
清理房址 23 座、灰坑 7 座，遗存性质与此前发掘的小河西遗址相
同，发掘者正式提出了小河西文化的命名。小河西文化与兴隆洼
文化在房址的形制和建筑方法、器物群类别与某些器形方面都有
一定的相似性，可能是其年代相近、处于一个大的历史发展阶段、
经济类型相同的反映，同时二者又存在明显的差异。[2] 1988 年 9 月，
内蒙古自治区文物考古研究所在发掘林西县白音长汗遗址时，在
遗址南部发现了少量夹砂褐陶素面筒形罐[3]，1991 年，又在遗址西
南部清理了出土夹砂素面筒形罐的 3 座房址和 2 座窖穴，并发现
该类遗存房址被兴隆洼文化房址叠压的层位关系。[4]

　　1996 年，辽宁省文物考古研究所在渤海西岸的葫芦岛市连
山区塔山乡杨家洼村东发掘一处出有素面筒形罐的遗址，揭露面
积 350 平方米，清理出椭圆形半地穴式房址和堆塑土龙等[5]，发
掘者将 1996 年兴城市郭家山遗址战国、西汉时期的地层中出土
的平唇方口沿夹砂素面红陶片也归入杨家洼类遗存中，认为此类

　　1　中国社会科学院考古研究所："翁牛特旗大新井村新石器时代遗址"，载《中
国考古学年鉴·1989》，文物出版社 1990 年版，第 131 页。

　　2　中国社会科学院考古研究所："敖汉旗榆树山、西梁遗址"，载《中国考
古学年鉴·1989》，文物出版社 1990 年版，第 131—132 页。

　　3　内蒙古自治区文物考古研究所："内蒙古林西县白音长汗新石器时代遗址
发掘简报"，载《考古》1993 年第 7 期。

　　4　内蒙古自治区文物考古研究所、吉林大学考古学系："内蒙古林西县白音
长汗新石器时代遗址 1991 年发掘简报"，载《文物》2002 年第 1 期。

　　5　辽宁省文物考古研究所："辽宁葫芦岛市杨家洼新石器时代遗址发掘简报"，
载《博物馆研究》2005 年第 2 期。李恭笃、高美璇：《寻觅与探索——中国东北
原始文化考古论文集》，文物出版社 2014 年版，第 7 页。

遗存是比篦纹陶、编织压印纹陶和"之"字纹陶时代更早的一种新石器时代文化遗存，与兴隆洼文化陶器明显有别，我国北方在出现诸多纹饰陶之前，还存在一种平唇方口素面夹砂筒形罐的红陶文化阶段。1999 年 10 月上旬，中国社会科学院考古研究所内蒙古工作队与喀喇沁旗文管所联合对牛营子镇马架子遗址进行了调查，遗址面积 6 万余平方米，确认房址灰土圈 60 余座，属于小河西文化遗存。[1]

进入 21 世纪以来，有关小河西文化的调查与发掘相对较少。2002—2003 年，吉林大学边疆考古研究中心在西拉木伦河流域进

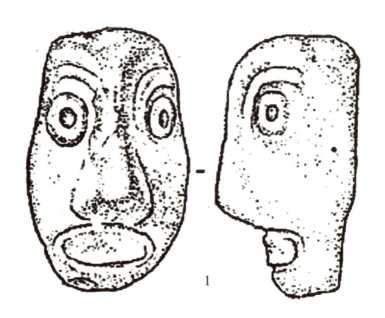

1

小河西文化榆树山遗址出土的陶塑人头像

1　刘国祥、张义成："内蒙古喀喇沁旗发现大型小河西文化聚落"，载《中国文物报》2000 年 1 月 16 日第 1 版。

行了系统调查，在巴林右旗查干浑迪采集到口沿施附加堆纹的夹砂筒形罐，具有小河西文化的一般特征。[1]2004 年《白音长汗——新石器时代遗址发掘报告》、2010 年《西拉木伦河流域先秦时期遗址调查与试掘》、2012 年《查海——新石器时代聚落遗址发掘报告》先后出版，发表了与小河西文化相关的遗迹与遗物资料。2012 年起，吉林大学边疆考古研究中心和辽宁省文物考古研究所合作开展了"中国东北地区农业与定居的起源"项目，以查海遗址为基点，在其东部进行了两个季度的区域性田野考古调查工作。2015 年，对调查区内的贾家沟西遗址进行了试掘，出土了大量陶片和石片，发掘者认为属于小河西文化，并开展了包括测年在内的多项科技分析。[2]

　　小河西文化是目前所知辽西地区年代最早的新石器时代考古学文化，依据遗址面积大小，可以分为中型、小型和特小型聚落，以小型和特小型聚落为主，中型聚落目前仅发现马架子遗址一处。[3]迄今已清理发掘小河西文化房址 40 座，均为半地穴式建筑，平面形状多呈圆角方形、圆角长方形、梯形、椭圆形及不规则形等。房址依照面积大小，可分为大、中、小三型。以小型房址为主，大型房址数量极少。居住面多平整、坚硬，可分为生土居住面、抹泥居住面和铺有垫踏土的居住面等，有的居住面经过火烧、加工夯实，部分房址居住面有二层台。灶址多位于房址中央，分坑

　　1　内蒙古自治区文物考古研究所、吉林大学边疆考古研究中心：《西拉木伦河流域先秦时期遗址调查与试掘》，科学出版社 2010 年版，第 56—59 页。

　　2　吉林大学边疆考古研究中心、辽宁省文物考古研究所等："2015 年辽宁省阜新蒙古族自治县贾家沟西遗址试掘报告"，载《边疆考古研究（25）》，科学出版社 2019 年版，第 53—68 页。

　　3　索秀芬、李少兵："小河西文化聚落形态"，载《内蒙古文物考古》2008年第 1 期。

式灶和地面灶两种形制，其中，坑式灶又可分为长方形石板坑灶和土坑灶，灶址平面形状有圆形、卵圆形、椭圆形、瓢形、长方形、圆角方形等，以圆形灶为主。除灶址外，在一些房址中部还发现有"火种坑"。

小河西、大新井、杨家洼、贾家沟西及西梁等遗址的房址均未见门道，但西梁遗址和榆树山遗址的多处房址南侧发现有"小

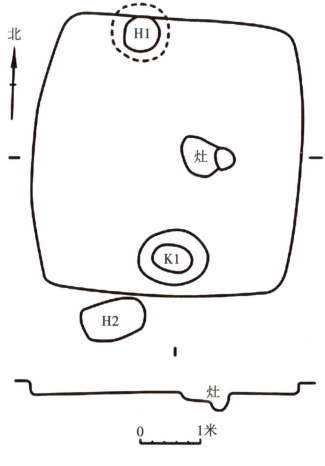

小河西遗址 F2 平、剖面图

窖"，可能为门道的前身。白音长汗遗址一期房址和查海遗址一期房址门道分为斜坡式梯形门道和外凸半圆状门道，柱洞数量不等，最多达 38 个。柱洞越多，说明建造房址所需木材越多，建造难度越高。柱洞多分布在灶址周边或靠近穴壁，有单圈和双圈柱洞，形状有圆形、椭圆形和不规则形。有的柱洞下垫有石块，应是起到防止木柱下沉的作用。部分房址内有窖穴，平面呈椭圆形或不规则椭圆形，直壁，平底。查海遗址一期的一座窖穴在窖口和窖室之间凿有三层台阶，每层台阶面都发现有较明显的脚踏窝痕迹。榆树山遗址和西梁遗址的房址内、外还发现有许多浅坑，里面出土有石器等工具。

榆树山遗址 F3 内发现一座居室墓葬，这是目前辽西地区已知年代最早的居室墓葬，应是其后兴隆洼文化居室葬俗的源头。小河西文化墓葬平面有长方形、圆形和卵圆形。葬式分仰身直肢葬和蹲踞葬两种。其中，蹲踞葬在辽西地区史前葬俗中较为少见，是小河西文化墓葬的一大特点。西梁遗址 F106 内发现有一座蹲踞式的狗坑，表明狗可能与宗教仪式具有一定的关系。杨家洼遗址发现了两条用纯净米黄色黏土塑造的土龙，为探索龙崇拜的起源提供了重要的线索。[1]

陶器全部为夹砂陶，夹砂颗粒较大。烧制温度较低，陶质疏松。陶色不纯，多呈褐色，有黄褐、红褐、灰褐、黑褐等，少量为红色，有的陶胎呈黑色。陶器均为手制，采用泥片贴塑和泥圈套接法制作陶器。绝大多数陶器为素面，器表留有修整陶器的刮痕，纹饰有附加堆纹、窝点纹、短斜线纹、叶脉纹、指甲纹等。附加堆纹除横绕器表一周外，还有圆圈形、V 字形、平行短泥条等造型。

1 于昊申："小河西文化生业模式初探"，载《农业考古》2021 年第 1 期。

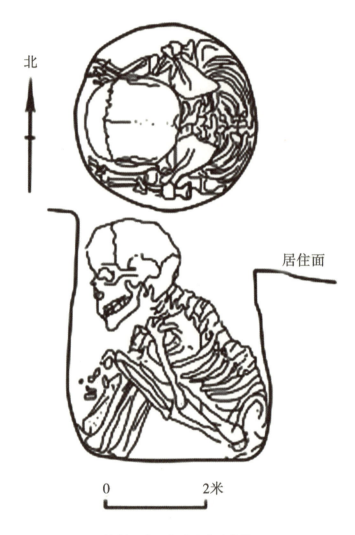

北

居住面

0　　　　　2米

榆树山遗址发现的蹲踞墓葬

　　器形单一，筒形罐占绝大多数。有方唇、圆唇和圆方唇三种口沿，
敞口筒形罐的腹壁或直或微弧，侈口筒形罐的腹壁略呈弧形，平底。

　　石器有打制、磨制、琢制、压制等制作方法，以打制为主，
压制和琢制石器数量较多，磨制石器数量占少数。器类有石球、

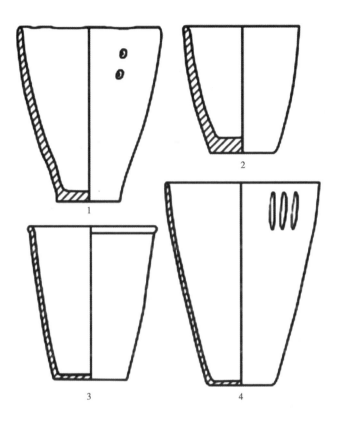

小河西文化部分陶器

锄形器、石铲、环状器、敲砸器、饼形器、斧、锛、凿、磨盘、
磨棒、石杵、臼形石器、石杯、管、沟槽器、兽首石雕、细石器
等。石球打、琢而成，数量多，较为规整，大小不一，直径为4.5—
10厘米。锄形器呈双肩亚腰形，柄部较窄，刃部宽大，或直或弧刃。
石铲打制后磨刃，呈梯形。环状器的中部有圆孔，器形呈圆环形。
饼形石器平面呈圆形和椭圆形，上下面或平或外凸。斧、锛、凿
数量少，多为磨制。斧、锛上窄下宽，呈梯形。磨盘平面呈长方形，
底部平整，使用面内凹。磨棒为圆角棱柱状。石杵较短，多为圆柱形。
臼形石器的圆形臼窝位于圆角长方形柱体中部，似为石质筒形罐

的半成品。石杯呈圆锥底，一侧有柄，呈提斗形。沟槽器一面平直，一面有沟槽，上端有穿孔。细石器有石叶、刮削器、尖状器、石核等。骨器有石刃骨柄鱼镖。蚌器残破，器上有对钻圆形孔，用途不详。

在西拉木伦河流域分布的兴隆洼文化白音长汗类型的长方形凸字形石板坑灶房址，继承了当地小河西文化房址特征。在克什克腾旗南台子遗址、林西县白音长汗遗址的白音长汗类型房址中绝大多数灶为长方形石板坑灶，前者坑较浅，后者坑稍深，其形状、结构和白音长汗遗址小河西文化 BF64 相同。两遗址白音长汗类型房址均为凸字形半地穴建筑，与白音长汗遗址小河西文化 BF42 基本相同。小河西文化和兴隆洼文化陶器均为夹砂陶，内夹砂粒较大，不见泥质陶。陶色不纯正，多呈褐色，往往一件陶器上有红褐、黄褐、灰褐等几种色调。小河西文化陶器上的附加堆纹、窝点纹、短斜线纹、指甲纹，在兴隆洼文化中都能见到。筒形罐造型两者相似，兴隆洼文化早期陶器口沿均不外叠，呈方唇、圆唇、方圆唇形态，与小河西文化陶器口沿特征相同。敞口斜直腹筒形罐和侈口微弧腹筒形罐是两者共同的器型。小河西文化打制的锄形器是兴隆洼文化常见石器，两者均有石容器，石杯都有提柄，形状相似。琢制的磨盘、磨棒、饼形石器基本相同。从房址、陶器、石器分析，兴隆洼文化继承了小河西文化的主要文化因素，小河西文化是兴隆洼文化的主要源头。[1]

二、兴隆洼文化

1982 年，中国社会科学院考古研究所内蒙古工作队与敖汉旗

---

1 索秀芬：“小河西文化初论”，载《考古与文物》2005 年第 1 期。

文化馆在该旗东南部进行文物普查时，在兴隆洼遗址上发现较多的厚胎夹砂陶罐及陶钵残片，其上饰有压印、压划纹饰，与已知的考古学文化陶器有别。1983 年，考古人员对该遗址进行了正式发掘。在 1985 年发表的《内蒙古敖汉旗兴隆洼遗址发掘简报》中，发掘者认为兴隆洼遗存代表一种新的新石器时代考古学文化，具备了考古学文化定名的基本条件，可命名为兴隆洼文化，属于新石器时代较早阶段的遗存，与中原和西北地区的裴李岗、磁山、老官台、大地湾等遗址年代大体相当，处于同一历史发展阶段。[1]此后至 2000 年，中国社会科学院考古研究所内蒙古工作队等单位又先后对兴隆洼遗址进行了七次考古发掘，尤其是 1992—1993 年将兴隆洼遗址一期聚落进行了全面揭露，获得了极为丰富的遗迹与遗物资料。[2]

1982 年 5 月，辽宁省阜新市文物干部在第二次全国文物普查中发现查海遗址，当年秋季又进行了复查，认为可能代表一种新的考古学文化遗存，并对其文化内涵与性质进行了初步讨论。1986 年，辽宁省文物考古研究所对查海遗址进行了首次试掘，1987—1994 年又先后进行了六次不同规模的发掘。共揭露面积约 7800 平方米，清理房址 55 座、灰坑和窖穴 41 座、居室墓葬 5 座、中心墓地 1 处（包括墓葬 10 座）、大型"龙形堆石"1 处、陶器堆 4 处、水沟 2 条及聚落环壕 2 段，绝大部分遗存属于兴隆洼文化。2012 年，《查海——新石器时代聚落遗址发掘报告》正式出版。

1988—1989 年，为配合平双公路的建设，内蒙古自治区文物

1　中国社会科学院考古研究所内蒙古工作队："内蒙古敖汉旗兴隆洼遗址发掘简报"，载《考古》1985 年第 10 期。

2　中国社会科学院考古研究所内蒙古工作队："内蒙古敖汉旗兴隆洼聚落遗址 1992 年发掘简报"，载《考古》1997 年第 1 期。

考古研究所对林西县白音长汗遗址进行了发掘，揭露面积 2617 平方米，初步了解到该遗址包含有兴隆洼文化、赵宝沟文化、红山文化、小河沿文化等几种不同的考古学文化遗存，其中，以兴隆洼文化遗存最为丰富，保存最好。1991 年，内蒙古自治区文物考古研究所与吉林大学考古学系联合对白音长汗遗址进行了第三次发掘，揭露面积 4640 平方米。三次发掘累计清理聚落围沟 2 条、房址 59 座、灰坑 73 座、墓葬 14 座，主体为兴隆洼文化晚期遗存。

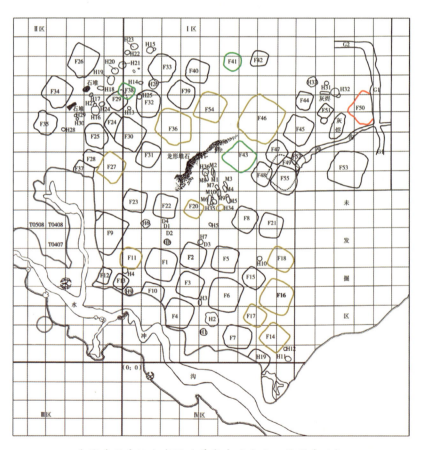

查海遗址房址分布图（着色者为出土玉器的房址）

发掘者在《内蒙古林西县白音长汗新石器时代遗址发掘简报》认为白音长汗主体遗存归入兴隆洼文化当无疑问，提出了"兴隆洼文化白音长汗类型"的命名，并认为其直接影响了该地区时代略晚的赵宝沟文化与富河文化。2004 年，《白音长汗——新石器时代遗址发掘报告》出版。

白音长汗遗址 AF19 灶址后方栽立石人像

　　1991 年，为配合集通铁路建设，内蒙古自治区文物考古研究所对克什克腾旗南台子遗址进行了发掘，揭露面积约 3000 平方米，发现了一处保存较完整的兴隆洼文化聚落遗址，清理房址 33 座，出土可复原陶器 110 余件及大量石器、骨器和蚌器等，在此基础上提出了兴隆洼南台子类型的命名。同年，内蒙古自治区文物考古研究所还对克什克腾旗盆瓦窑遗址进行了发掘，确定其属于兴隆洼文化。1991、2009 年，内蒙古自治区文物考古研究所与中山

大学人类学系先后两次发掘巴林右旗塔布敖包遗址，发现有兴隆洼文化遗存。

　　1998 年，中国社会科学院考古研究所与敖汉旗博物馆联合对兴隆沟遗址进行了复查与测绘，确认其第一地点为一处兴隆洼文化中期大型聚落，共发现房址灰圈 145 处，自东向西可明确分为三区。[1] 同年又在调查中发现北城子遗址，并进行了调查与测绘，

兴隆沟遗址第一地点出土人头盖骨牌饰

　　1　中国社会科学院考古研究所、敖汉旗博物馆："内蒙古敖汉旗兴隆沟新石器时代遗址调查"，载《考古》2000 年第 9 期。

确认为一处兴隆洼文化早期大型环壕聚落。[1]

2001—2003 年，中国社会科学院考古研究所内蒙古第一工作队对兴隆沟遗址进行了发掘，其中，第一地点累计揭露面积 5600 平方米，清理兴隆洼文化房址 37 座、灰坑 58 座、居室墓葬 28 座，出土陶器、石器、骨器、蚌器、玉器及人头盖骨牌饰等遗物。

2013 年，内蒙古自治区文物考古研究所在库伦旗小奈林稿遗址清理 3 座兴隆洼文化房址，出土遗物与查海遗址的发现相近。[2]2015 年，吉林大学边疆考古研究中心、辽宁省文物考古研究所与以色列希伯来大学对阜新蒙古族自治县的塔尺营子遗址进行了试掘，出土人面石牌饰等重要遗物。[3]2017 年 6 月起，辽宁大学考古系与辽宁省文物考古研究所联合对他尺西沟（即塔尺营子）遗址进行了发掘，目前已确认房址 80 余座，出土陶器、石器、玉器、骨器等千余件，[4]为兴隆洼文化研究提供了较为丰富的新材料。2016 年，内蒙古自治区文物考古研究所与赤峰学院对翁牛特旗南湾子北遗址进行了发掘，揭露了一处兴隆洼文化晚期的小型聚落，清理房址 9 座。[5]2017 年，为配合东台子水库建设，内蒙古自治区文物考古研究所对林西县野狼沟遗址进行了发掘，揭露面积 5000

1　杨虎、刘国祥、邵国田："敖汉旗发现一大型兴隆洼文化环壕聚落"，载《中国文物报》1998 年 7 月 26 日第 1 版。

2　内蒙古自治区文物考古研究所、内蒙古自治区文物保护中心、库伦旗文化旅游局："内蒙古库伦旗小奈林稿遗址发掘简报"，载《考古》2020 年第 3 期。

3　吉林大学边疆考古研究中心、辽宁省文物考古研究所等："2015 年辽宁省阜新蒙古族自治县塔尺营子遗址试掘报告"，载《边疆考古研究（25）》，科学出版社 2019 年版，第 1—40 页。

4　中国社会科学院考古研究所：《中国考古学年鉴·2018》，中国社会科学出版社 2019 年版，第 187 页。

5　中国社会科学院考古研究所：《中国考古学年鉴·2017》，中国社会科学出版社 2018 年版，第 199—200 页。

平方米，分三区进行，其中第三区位于遗址南部，清理房址 2 座、灰坑 3 座，出土少量陶器、石器和骨器，陶器纹饰中素面和坑点纹占有较大比例，可能属于兴隆洼文化遗存或略早。[1]

除上述经过正式发掘的遗址外，自 20 世纪 80 年代以来，考古工作者还在巴林右旗那斯台[2]、古日古勒台[3]、敖包恩格日[4]、哈

兴隆洼遗址出土环状玉玦

1　内蒙古自治区文物考古研究所："2017 年内蒙古文物考古研究所考古发现综述"，载《草原文物》2018 年第 1 期。

2　巴林右旗博物馆："内蒙古巴林右旗那斯台遗址调查"，载《考古》1987 年第 6 期。

3　巴林右旗博物馆："巴林右旗古日古勒台新石器时代遗址调查简报"，载《内蒙古文物考古》1992 年。

4　朝格巴图："巴林右旗敖包恩格日遗址调查"，载《内蒙古文物考古》1997 年第 2 期。

日巴沼[1]，翁牛特旗蛤蟆山[2]，科左中旗西固仁忙哈[3]等遗址采集到兴隆洼文化遗物，扩展了兴隆洼文化的分布范围，并进一步丰富了其文化内涵。

兴隆洼文化各遗址的发掘出土了丰富的遗物，其中，玉器的发现具有十分重要的学术价值，玉玦和匕形器是兴隆洼文化的典型器类，在兴隆洼、兴隆沟、查海、白音长汗等遗址中均有发现。兴隆洼文化玉器将我国雕琢和使用玉器的历史上溯至距今8000年前后的新石器时代中期，在中国玉文化发展史上占有重要位置。2007年，中国社会科学院考古研究所与香港中文大学中国考古艺术研究中心联合编著出版的《玉器起源与探索——兴隆洼文化玉器研究及图录》[4]一书中，系统发表了兴隆洼、兴隆沟遗址发现的玉器资料，并对相关问题进行了深入分析与研究，是研究兴隆洼文化玉器及东亚玉器起源与发展的重要学术成果。2012年，辽宁省文物考古研究所编著的《查海——新石器时代聚落遗址发掘报告》出版，系统发表了查海遗址的考古材料，对于深入兴隆洼文化及相关问题研究具有重要意义。

兴隆洼文化是新石器时代中期辽西地区出现的一支强劲的考古学文化，奠定了辽西地区在中国东北地区新石器时代文化发展

1　巴林右旗博物馆："哈日巴沼遗址调查简报"，载《内蒙古文物考古》2000年第2期。

2　赤峰博物馆、翁牛特旗博物馆："翁牛特旗解放营子乡新石器时代遗址调查报告"，载《内蒙古文物考古》2005年第1期。

3　朱永刚、王立新："敖恩套布和西固仁忙哈遗址复查与遗存辨析"，载《边疆考古研究（9）》，科学出版社2010年版，第325—342页。

4　中国社会科学院考古研究所、香港中文大学中国考古艺术研究中心：《玉器起源探索——兴隆洼文化玉器研究及图录》，香港中文大学中国考古艺术研究中心，2007年。

的核心地位，对东北亚其他地区史前文化产生了重要影响，也确立了辽西地区与黄河流域新石器时代考古学文化并行发展、相互影响的历史根基。与周边其他文化相比，兴隆洼文化在聚落形态、玉器生产等诸多方面表现出了较高的先进性与发达性，对公元前6000—前5000年中国北方新石器时代的文化格局产生了重要的推动作用，奠定了中华文明多元一体的早期样态。

白音长汗遗址出土人面像

规划周密、完整有序是兴隆洼文化聚落的重要特点，较为稳定的定居已经出现。从聚落形态来看，兴隆洼文化聚落可分为环壕聚落、非环壕聚落两类，由居住区、墓葬区、祭祀区及烧窑区组成，居住区内房屋成排分布，门道方向大体一致。兴隆洼遗址是迄今为止唯一完整揭露出房址、围沟、灰坑等全部居住性遗迹的聚落，也是新石器时代居住遗迹整体保存最好、年代最早的典型聚落。这种以围沟环绕成排房址、最大房址位居中央的史前聚落形态，可称为"兴隆洼模式"，与全部房址围绕中心的分组环列形式有别，被西辽河流域后续考古学文化继承和发展，在整个东北亚地区特征鲜明、独树一帜。

　　根据已有的考古材料，兴隆洼文化时期无论聚落规模大小或年代早晚不同，所有房址均成排分布，这是构成兴隆洼文化时期聚落布局的最显著的特征之一。以有无环壕为标准，可以将兴隆洼文化聚落分为环壕聚落与非环壕聚落两类。

查海遗址 F36

　　兴隆洼一期聚落是中国迄今所知第一个完整揭露出房址、灰坑和围壕等全部居住性遗迹的史前聚落，房址均沿西北—东南向成排分布，最大的两座房址并排位于聚落的中心部位，面积各达

140 余平方米，房址外围环绕一道近圆形的围壕，西北侧留有出入口。白音长汗聚落明确分成南北两个居住区，北区经过全部发掘，共有房址 29 座，分成 4 排；南区东南部略有破坏，发掘房址 25 座。南、北两区环壕外侧各环绕一道近圆形的围壕，两道围壕外侧的最近距离不足 10 米。北城子聚落总面积约 6 万平方米，应是一处大型环壕聚落。该遗址尚未经过正式发掘，根据调查结果判知，整个聚落共分布房址 214 座，均沿南北向成排分布，北、东、南三面环绕有一道弧形的围壕，西侧临河，地表高出河床约30 米。从聚落规模和年代关系看，兴隆洼一期聚落和北城子聚落均属兴隆洼文化早期大型聚落，白音长汗聚落属于兴隆洼文化晚期中型聚落。尽管目前尚未发现兴隆洼文化中期的环壕聚落，但从上述三个聚落的发现证明，环壕聚落应是兴隆洼文化时期的一种典型聚落形态，早期开始出现，晚期仍旧流行。兴隆洼一期聚落、北城子聚落和白音长汗聚落分别代表了兴隆洼文化环壕聚落的三种类型。兴隆洼一期聚落的围壕宽 2 米、深 1 米左右，白音长汗聚落的围壕宽度和深度均不足 1 米，可能具有一定的防御性功能，同时也应具有界定范围的功能。

经过正式发掘的兴隆洼文化非环壕聚落主要有兴隆洼二期聚落、兴隆沟聚落、查海聚落和南台子聚落。兴隆洼二期聚落的少部分房址是在一期房屋废弃的基址上重建而成，大体维持了一期原有的成排分布的格局；另有较多的房址建在一期聚落西北段围壕的外侧，少数分布在围壕的内侧，个别房址正好叠压在围壕之上。房址亦成排分布，但排列较密集。兴隆沟聚落总面积约 5 万平方米，共发现房址 145 座，正式发掘 37 座，均沿东北—西南向成排分布，根据排列的疏密状况，自东向西明确分成三区。查海聚落正式发掘了 55 座房址，最大的 1 座房址位于聚落的中部略偏北，面积达 120 平方米。在聚落布局方面，房址排列密集，大体南北成行，室外发现有灰坑和集中堆放的陶器，聚落的中心部位有 1 个小型广场，发现有 1 条 19.7 米长的龙形堆石，其南侧有墓葬和祭祀坑。南台子聚落总面积约 1 万平方米，共发掘房址 33 座。在布局方面，所有房址均沿西南—东北向成排分布，自西北至东南可分成 4 排，最大的 1 座房址位于第一排的中部略偏东北，面积为 81 平方米。从聚落规模和年代关系看，兴隆洼二期聚落的发掘证实，一期聚落废弃后此地仍被兴隆洼人的后来者居住，但已失去了原有的中心性聚落的地位，兴隆沟聚落成为兴隆洼文化中期的一处大型中心性聚落，房址呈三区分布的格局代表了兴隆洼文化聚落形态中的一种新类型。查海聚落仅有几座兴隆洼文化早期的房址，当时应该是一处很小的兴隆洼文化早期聚落，至兴隆洼文化中期，房址数量增多，聚落规模明显扩大，在整体布局方面，有意突出中心广场的地位，通过摆放龙形堆石及埋有墓葬和祭祀坑，使其成为聚落内部相对独立的祭祀区，这是兴隆洼文化中期聚落布局方面的进步性标志之一，对赵宝沟文化和红山文化的聚落布局产生了较大的影响。南台子聚落规模较小，在兴隆洼文化早期或中期均为小型聚落。

兴隆洼文化的陶器均为夹砂陶，未见细泥陶。陶器均为手制，先将泥圈套接捏合成器，再经刮磨光滑。器壁偏厚，由于烧制温度较低，质地比较疏松。外表颜色呈红褐、灰褐、黄褐或灰黑色等，在同一件器物上陶色多不纯正；内壁常经磨光，多呈灰黑色。因器类和大小的不同，夹砂陶内还细分为两种：一是粗砂陶，其中多见蓝灰色砂粒，是本地区诸文化中所仅见，用这类陶土制作

的陶罐，胎厚，器表多呈红褐色或黄褐色，主要是较大型的罐类；二是细砂陶，外表呈灰色、黑灰色，陶胎较薄、较硬，包括中小型罐、钵、碗（平底或圈足）、杯等。

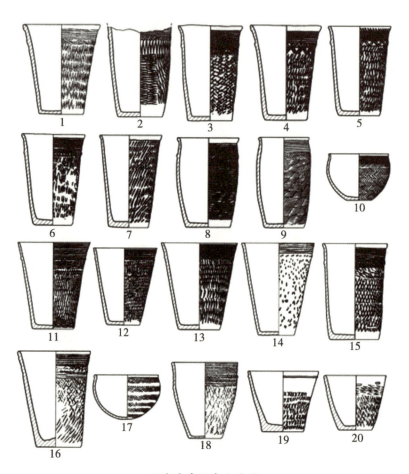

兴隆洼遗址出土陶器

从器型上看，兴隆洼文化陶器器类略显单一，罐和钵是两种最典型的器型。器类中筒形罐占绝大多数，具有代表性的是敞口斜直腹筒形罐、鼓腹小平底钵等，其中以高为10—50厘米的斜直腹筒形罐数量居首；此外还有少量的盆、碗、杯和盅等，基本为平底，且以大平底最多，晚期偶见圈足器。根据陶罐大小、形制的不同，可分别用作盛器、炊器和食具等。从纹饰上看，器表施纹饰十分普遍，往往布满全身，素面陶者极少。常见的纹饰往往是两三种同施于一件陶器上，主体纹饰最富特征的是短斜线交叉纹、网格纹、竖压横排之字形线纹及戳印坑点纹。陶器种类少，以罐和钵两大类为主，形制也较简单。

兴隆洼文化石器分为大型石器和细石器两大类，其中石器居多，器形主要有石铲、斧、凿、刀、磨盘、磨棒、敲砸器、饼形器、砺石、石球、研磨器、沟槽器、大石坠等，其中，石铲、斧、磨盘、磨棒自身文化特点明显。

石器有打制、磨制、琢制、自然石块直接使用四种情况。斧、凿、

查海遗址出土的打制锄形器

沟槽器一般为通体磨制。研磨器、磨盘、磨棒、饼形器一般为琢磨。敲砸器、石球、砺石一般为直接利用天然石块。石刀为打制或石片直接使用，以及石铲、石斧残片的二次加工使用。穿孔器的孔系由琢、钻两种方法相对透穿，技术很成熟。这种穿孔技术还多用于铲形石器加工成型过程中，即有些石铲的束腰系采用先透孔打制法，既规整又有成功率。石器的选料较严，一般选用较坚硬的页岩、花岗岩、石灰岩、玄武岩等种类石料加工石器。先民们还根据对石料的认识，以及在生产和生活中的需要、用途与使用功能有意识地选择特定的石料专门制作某种工具。同类器物的质料几乎无别，如铲形石器主要是灰色页岩，磨盘、磨棒主要是花岗岩、玄武岩，石斧主要是油质岩、花岗岩，敲砸器主要是石英岩。

兴隆洼文化早于红山文化，其年代距今约为8200—7200年，是红山文化的重要源头。兴隆洼文化的房址均为长方形或方形半地穴式建筑，通过在室内立木柱的方式搭建而成，这一传统被红山文化承继。兴隆洼文化聚落分为环壕聚落与非环壕聚落两大类，尤以环壕聚落最具代表性，从早期开始出现，中、晚期依旧流行。兴隆洼一期聚落是迄今所知中国东北地区年代最早的环壕聚落，房址均成排分布，最大的两座房址并排位于聚落的中心部位。有单体环壕聚落和双体环壕聚落之分，双体环壕聚落出现于兴隆洼文化晚期，以白音长汗聚落为代表。红山文化环壕聚落无疑是受到兴隆洼文化影响的结果，其环壕聚落的源头应追溯至兴隆洼文化。

兴隆洼文化时期流行居室葬俗，因少数人生前具有特殊的等级、地位、身份或死因特殊，死后被葬在室内，成为生者崇拜、祭祀的对象。牛河梁遗址积石冢石棺墓内埋葬的死者均为少数特殊人物，并非普通社会成员的墓地，从埋葬性质和祭祀观念看，与兴隆洼文化居室葬存在明显的关联性。白音长汗遗址发现兴隆洼文化中期的石棺墓3座，另有兴隆洼文化晚期的土坑积石墓14座。这是中国东北地区迄今所知年代最早的石棺墓和积石墓，应是红山文化晚期积石冢、石棺墓的直接源头。

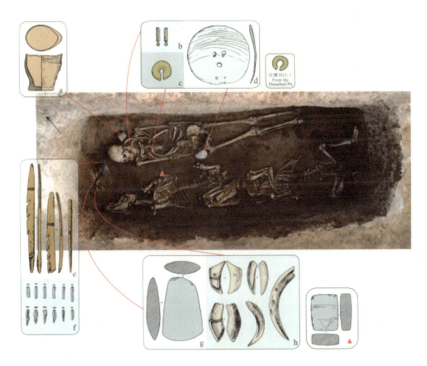

兴隆洼遗址 M118

兴隆洼文化先民是之字纹的发明者和最早使用者，此后在东北亚地区广泛传播，形成了以之字纹筒形陶器为主要标志的东北新石器时代文化系统，延续至红山文化晚期。之字纹筒形陶器是红山文化最典型的器类，其源头可明确追溯至兴隆洼文化中期。兴隆洼文化玉器是中国迄今所知年代最早的真玉器，将我国雕琢

和使用玉器的历史推进至距今 8000 年前后的新石器时代中期，开创了中国史前时期雕琢和使用玉器的先河。玉玦是兴隆洼文化最典型的器类，线切割技术是兴隆洼文化先民的首创，在东亚地区广泛传播，成为不同区域间文化交流的重要实证。红山文化中期，玉玦依旧有发现；至红山文化晚期，玉器的种类和数量增多，玉器的使用功能发生明显变化，出现一批造型奇特、工艺精湛、寓意深刻的典型器类，晚期晚段，玉礼制系统出现，成为红山文明形成的重要标志之一。尽管耳部佩戴玉玦的传统几乎绝迹，但红山文化雕琢和使用玉器的传统无疑应追溯至兴隆洼文化。兴隆洼文化石器的加工和制作方法分为打制、磨制、琢制、压削四类，亚腰形和长方形石铲是最主要的掘土工具，同为红山文化主要掘土工具的石耜应源自兴隆洼文化的亚腰形石铲。兴隆洼文化细石器加工制作技术对红山文化也产生了重要影响。

从原始宗教信仰和相关祭祀遗存看，兴隆洼文化时期已经形成了祖先崇拜的观念。前文述及将少数特殊死者埋葬在室内，成为生者崇拜和祭祀的对象，是祖先崇拜的重要例证。兴隆洼文化晚期，白音长汗聚落 AF19 内出土一尊通高 36.6 厘米的石雕人像，是祖先崇拜观念进一步发展的有力证据。兴隆沟红山文化整身陶人像出自一座室内面积仅 12 平方米的小型房址内，陶人头部和上身高度写实，神态逼真，表情丰富，烧制工艺技术水平精湛，是迄今所知能够完整复原的、形体最大的一尊红山文化整身陶人，是红山文化祖先崇拜观念的重要实证。其源头应追溯至兴隆洼文化。兴隆洼遗址 M118 是聚落内部埋葬规格最高的一座居室墓，墓主人是 50 岁左右的男性，是二期聚落首领式人物，死后葬在室内，其右侧葬有两头整猪，占据墓穴底部近一半的位置，此类埋葬习俗在史前考古材料中十分罕见，是祭祀祖先与祭祀猎物灵魂的合二为一的真实见证，可能具有了图腾崇拜的含义。牛河梁上层积石冢石棺墓内出土的玉器中，玉人、双猪首三孔器、玉猪龙是红山文化的典型器类，其造型来源和使用功能与兴隆洼文化 M118 人猪合葬墓之间具有某种特定的内在联系。兴隆洼文化中、晚期，白音长汗聚落外侧山坡顶部发现的石棺墓、积石墓，墓口积石多呈圆形，可能已经具备祭祀天地的雏形。综上所述，红山文化时期祖先崇拜、天地崇拜、以崇龙礼俗为核心的动物崇拜的观念，其源头均可追溯至兴隆洼文化。

三、富河文化

1957 年，内蒙古自治区文物局文物工作组在巴林左旗境内的乌尔吉木伦河两岸进行文物普查时发现富河沟门遗址，[1] 调查者将其归入细石器文化之中，但也注意到不同遗址之间存在差异。为进一步明确不同遗址的文化内涵与面貌，探索从笼统的"细石器文化"中区分不同的考古学文化遗存，1960、1961 年，中国科学院考古研究所和昭乌达盟文物工作站又在乌尔吉木伦河流域进行了几次考古调查和试掘，发现了一批有文化层堆积的遗址。这些含有细石器遗址的面貌，有的与已确认的红山文化相似，有的则与红山文化不同。[2] 为了解它们的性质、特征与内涵，1962 年，中国科学院考古研究所内蒙古工作队选择对富河沟门、金龟山和南

1　内蒙古自治区文化局文物工作组："昭乌达盟巴林左旗细石器文化遗址"，载《考古学报》1959 年第 2 期。

2　中国社会科学院考古研究所：《新中国的考古发现与研究》，方志出版社 2007 年版，第 183 页。

杨家营子遗址进行了正式发掘。

富河沟门遗址地处乌尔吉木伦河东岸，位于富河沟门村北两个相邻的山岗南坡上，总面积约 60000 平方米。地表共有灰土圈 150 余处，东西排列有序。发掘面积约 600 平方米，共发掘灰土圈 12 个，发现房址 37 座。[1] 金龟山遗址位于乌尔吉木伦河西岸两座相连的山岗之上，面积约 16000 平方米，地表可见灰土圈 41 个，东西排列有序。发掘面积 150 平方米，清理灰土圈 1 个，发现相互叠压的 4 座房址。南杨家营子位于乌尔吉木伦河东岸，发掘面积 110 平方米，发现 4 座红山文化房址，被富河文化层叠压，明确了两种文化在该区域的相对年代。[2] 上述发掘表明，以富河沟门遗址为代表的这类遗存，无论在陶器、石器还是骨器方面，都表现出了较强的自身特点，可命名为富河文化。

20 世纪 80 年代，内蒙古自治区进行了第二次全国文物普查，又发现了多处同类性质的遗址，基本探明了富河文化分布范围，但都未经科学考古发掘。从已有的考古材料看，富河文化主要分布于辽西地区的东北部，范围北起松辽分水岭，南不越西拉木伦河和西辽河，西始于查干木伦河流域以东，东止于东辽河和西辽河交汇处，集中于乌尔吉木伦河流域。

富河文化房址叠压打破关系较多，同一灰土圈内包含多处房址。以富河沟遗址为例，12 座灰土圈内共清理房址 37 座。房址平面分方形和圆形两种，以前者占绝大多数。一般东西长 4—5、南北宽 3—5 米，面积最大的东西、南北皆长 6 米左右。房址皆东

1　中国科学院考古研究所内蒙古工作队："内蒙古巴林左旗富河沟门遗址发掘简报"，载《考古》1964 年第 1 期。

2　徐光冀："乌尔吉木伦河流域的三种史前文化"，载《内蒙古文物考古文集》第一辑，中国大百科全书出版社 1994 年版，第 83—86 页。

富河沟门遗址发掘的房址

南向，依山坡而建。屋内地面平坦，上有垫土，有些地面曾经捶打。地面上还有大片的篝火痕迹，中央有方形灶。灶分土坑灶与石板灶两种，灶内积存有较厚的白色灰烬，灶底和四壁被烧呈红色。房址内有柱洞，都在靠近北墙的地面上，一般多为四个，有的多至七个。有的房址内靠南部还有圆形窖穴。

富河文化陶器均为夹砂陶，质地疏松，器壁较薄，火候不高。器形以筒形罐为主，有少量的圈足钵、碗、杯和斜口器。筒形罐多直口，微弧腹，口径与底径比差较小。纹饰主要为横压竖排的篦点和线形之字纹，口沿饰附加堆纹。石器分大型石器和细石器两类。大型石器为打制，有石铲、砍砸器、斧、锛、凿、磨盘、磨棒等；细石器数量多，种类丰富，石叶最长超过10厘米，显示了发达的打片技术。骨质工具发达，发现较多的鱼钩、鱼镖、镞、

骨刀柄和大量野生动物骨骼，表明渔猎捕捞在富河文化的经济结构中占有重要地位。富河沟门遗址还发现用鹿类动物的肩胛骨制作的卜骨，仅见有灼痕，不见钻痕和凿痕。这是目前在我国发现的年代最早的卜骨。

富河文化的房址形制和聚落布局直接受到兴隆洼文化的影响，特别是方形石板灶在兴隆洼文化中期的南台子聚落中已经出现，至兴隆洼文化晚期的白音长汗聚落中依旧流行，被富河文化直接

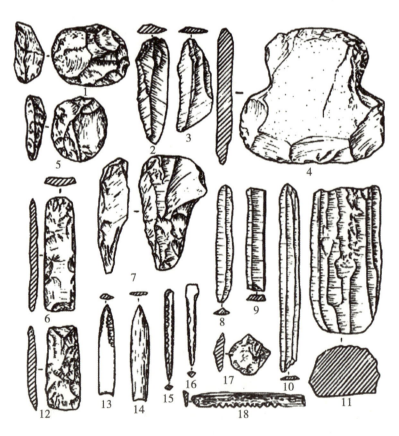

富河沟门遗址出土石器

承继。富河文化聚落的分级和聚落内部房址成排分布的格局也是受到兴隆洼文化直接影响的结果。从陶器形制、器类组合及纹饰种类看，富河文化以筒形罐居多，钵、杯较少，之字纹占据主导地位，与兴隆洼文化晚期陶器具有明显的共性。富河文化石器的加工方法与兴隆洼文化相近，均以打制石器为主，亚腰石铲是主要的掘土工具，以长条形石叶为代表的富河文化细石器加工技术较兴隆洼文化更显进步。富河文化在形成和发展的过程中直接吸收了兴隆洼文化的诸多因素，两者具有直接性承继发展关系。

富河文化部分因素被红山文化继承。具体而言，富河文化筒形罐的造型和施纹风格对红山文化产生了一定的影响，如红山文化的筒形罐均流行敞口、斜弧腹的风格，同时线形和篦点式之字纹也是红山文化的典型纹样之一，陶器颈部附加窄泥带堆纹的风格在红山文化中较为常见。富河文化加工和制作细石器的水平较高，应对红山文化有一定影响。此外，富河沟门遗址还发现了以鹿类肩胛骨制成的卜骨，无钻、凿，仅在一面留有灼烤的痕迹，红山文化至今尚未发现卜骨，但不排除存在的可能性。如是，富河文化对红山文化的重要影响不容忽视。

四、赵宝沟文化

1982 年冬，中国社会科学院考古研究所内蒙古工作队和敖汉旗文化馆在该旗境内进行文物普查时，在赵宝沟遗址采集到一些以压划几何形纹为主要特征的夹砂黄褐陶和夹细砂黑陶标本，其文化特征不同于已知的考古学文化。苏秉琦先生看到标本后予以高度重视，认为这代表了一种新的文化类型，可暂称为"赵宝沟

类型"。1983 年春，敖汉旗文化馆在文物普查中发现了烧锅地和南台地两处遗址，采集到施压划几何纹的陶片。两处遗址面积较大，地表遗物十分丰富，在南台地遗址还首次采集到可复原的鹿首神兽纹和神鸟纹的尊形器和器盖。[1]

1984、1985 年，中国社会科学院考古研究所内蒙古工作队对小山遗址进行了正式发掘，该遗址位于兴隆洼遗址西南约 500 米处的山坡上，揭露面积 190 平方米，清理出房址 2 座、灰坑 1 座。[2]出土大量陶器、石器及陶塑人面、人面纹穿孔石钺及动物纹尊形器等重要遗物。发掘者认为小山遗存代表一种新的新石器时代考古学文化，与赵宝沟遗址应属同一考古学文化，但二者之间也存在一定的差异。

1986 年 6—7 月，中国社会科学院考古研究所内蒙古工作队对赵宝沟遗址进行了发掘。该遗址总面积约 9 万平方米，地表可确认灰土圈 89 个，大体依坡地等高线方向成排分布，可分为两区。发掘面积约 2000 平方米，清理房址 17 座、灶址 1 处、灰坑 5 座、石头堆遗迹 1 处，出土了一批较有特色的陶、石、骨、蚌器及较多的动物骨骼。[3]在 1988 年发表的《内蒙古敖汉旗赵宝沟一号遗址发掘简报》中，发掘者正式提出赵宝沟文化的命名。1997 年 11 月，中国社会科学院考古研究所编著的《敖汉赵宝沟——新石器时代聚落》出版。

1　敖汉旗博物馆："敖汉旗南台地赵宝沟文化遗址调查"，载《内蒙古文物考古》1991 年第 1 期。

2　中国社会科学院考古研究所内蒙古工作队："内蒙古敖汉旗小山遗址"，载《考古》1987 年第 6 期。

3　中国社会科学院考古研究所内蒙古工作队："内蒙古敖汉旗赵宝沟一号遗址发掘简报"，载《考古》1988 年第 1 期。

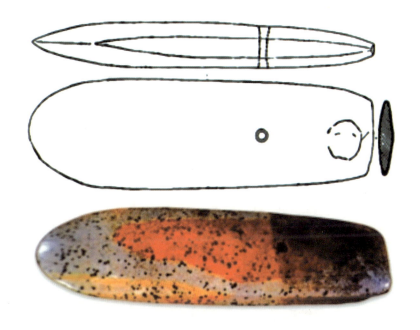

小山遗址出土人面纹玉钺

  1988 年，中国社会科学院考古研究所内蒙古工作队发掘了翁牛特旗小善德沟遗址。该遗址地表可见呈西北—东南向排列的 4 排房址灰圈，清理的 6 座房址均为长方形半地穴式建筑，居住面上挖有方形灶坑，未见柱洞和门道。出土陶器有筒形罐、尊形器、红陶钵等，此外还有玉、石玦，蚌、石串珠，泥塑人面像和多件大型磨制石器等，其中，F1 内共出土 7 件大型磨制石柄形器，明确了过去出土的同类石质工具的文化属性。[1]

  1990 年，为配合集通铁路建设，内蒙古自治区文物考古研究所在调查中发现了林西县水泉遗址。1991 年 5—7 月，对该遗址进行了正式发掘，揭露面积 1357.45 平方米，清理房址 19 座、灰

————————
 1 中国社会科学院考古研究所："翁牛特旗小善德沟新石器时代遗址"，载《中国考古学年鉴·1989》，文物出版社 1990 年版，第 130—131 页。

赵宝沟遗址出土部分陶器

坑 17 座、灶 3 处、浅坑 3 个，出土一批陶、石、骨、蚌器，主体
遗存属于赵宝沟文化。[1]

1　内蒙古自治区文物考古研究所、浙江大学文化遗产研究院："内蒙古赤峰
林西水泉遗址"，载《考古学报》2017 年第 4 期。

1998年，敖汉旗博物馆对杜力营子遗址进行了调查，确认其为一处赵宝沟文化大型聚落，发现房址灰圈233处，采集了包括尊形器在内的大量遗物。[1]进入21世纪以来，有关赵宝沟文化遗址的调查与发掘工作开展得相对较少。

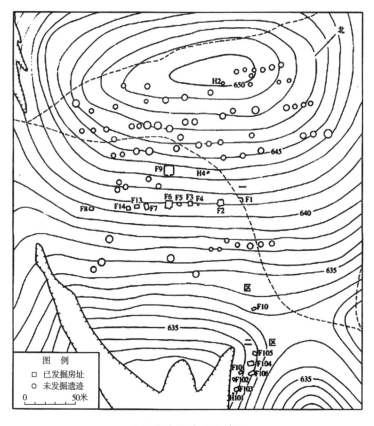

赵宝沟遗址遗迹分布图

赵宝沟文化的聚落已经开始分区，分为居住区和祭祀区，祭祀有单独区域，与居住区相邻。祭祀的形式多种多样，有垒砌石

1　敖汉旗博物馆："敖汉旗杜力营子新石器时代遗址调查简报"，载《内蒙古文物考古》2009年第2期。

平台祭祀，还有使用陶器、石器等进行祭祀。赵宝沟文化的房址均为半地穴式，成排分布，主要是单间房址，也有少量的双间房址被发现。单间房址的平面有呈方形、长方形、梯形等，双间房址则是两个长方形的半地穴式房屋在中间由一个门道相连而成。房址的居住面是将原有的黄土砸实而形成的，也有先经过垫土后再砸实的，居住面的局部地区经过火烤，还有的居住面涂抹了一层细泥。更令人称奇的是有的房屋居住面呈二层阶梯状，类似现代的"半跃层"式建筑。居住面中部有灶坑，分为方形、长方形、

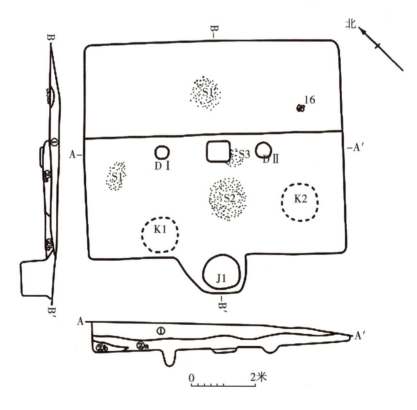

赵宝沟遗址 F2 平、剖面图

圆形。有的房址有柱洞，有的则没有。少量的房址内发现了窖穴，窖穴形状多为圆形，直壁，平底。

赵宝沟遗址是目前经过较大规模发掘并全面报道的唯一一处赵宝沟文化聚落。遗址位于敖汉旗赵宝沟村西北的一处坡岗上，面积接近9万平方米。聚落大致分成两区，东南坡直到坡岗的顶部为一区，占聚落的主要部分，此坡再向东南为二区，与一区之间隔一洼地。在二区仅发现6座半地穴房址。一区地表暴露着90余处灰土圈，这些灰土圈呈若干排分布，各排的排列方向均是西南一东北向，在一区发掘了十多个这样的灰土圈，获得12座半地穴房址。其中的11座房址挨得较近，有10座处在同一排。这10座同排的房址规模并不一致，最大的F6面积有68平方米，小的如F8只有17平方米左右。

房址在室内设施上并没有太大差别，一些面积较大、位置比较重要的房屋则显现出特殊的设置。如F6和F9，屋内地面分成上、下两层，上层位于西北部，高出下级地面10—40厘米，房址东南壁的中部向外掏有一穴，方形灶坑设在上级地面，上、下两级地面各有一对柱坑。F6的下级地面还有两个直径约1.5米左右的圆形浅凹。灶址与东南壁的坑穴连成房屋的中轴线，两对柱坑和一对浅凹对称地置于中轴线两侧。这种具有复杂设施的房屋恐怕未必是一般居所，而可能有着某种特殊的功能。

赵宝沟文化陶器多为夹砂陶，其中有一小部分仅含细砂，此外，还有很少的泥质陶。陶器基本组合为大型筒形罐、中型筒形罐、小型筒形罐、椭圆底罐、圈足鼓腹罐、尊形器、平底钵、凹底钵、圈足钵、碗、假圈足钵形器等。一般夹砂陶的陶器外表多呈灰褐或黄褐色，陶色不甚均匀，陶器成形往往采用泥圈层层叠筑。夹

砂陶陶器的器类以弧壁或直壁的筒形罐占大宗，还有平底钵、圈足钵、椭圆底罐、尊形器和器盖，泥质陶系的器类迄今只见平底钵、盘和少量的鼓腹罐。除少数素面者外，夹砂陶的陶器外表大都施有纹饰，以几何形压划纹和之字压印纹为主，前者以横线、斜线和大量的几何图案为代表，后者往往以竖压横排或横压竖排的纹样满施器表，斜排和用之字纹组成几何图案的做法也时而可见。有些筒形罐还以之字纹或某种极密的印纹做底纹，其上再施着几何图案，纵、横或斜向的刮抹纹痕也占一定比重。尊形器上还可见到表现为鹿或其他动物形象的压划纹饰。泥质陶的器表多为素面，钵类中流行一种上红下灰的"红顶钵"，同时，还有极少量的彩陶，采用赭红色和黑色两种色彩，甚至还见到刻划纹和彩陶并用的实例。

几何形压划纹饰是赵宝沟文化陶器的一大特色。在新石器时代，除了彩陶以外，将几何纹发展到顶峰的恐怕就数赵宝沟文化了。赵宝沟文化的几何纹不仅数量可观，而且内容纷繁，结构复杂，许多规整有序的几何纹经过周密的设计和细致的勾勒，最后出现在陶器上的俨然是一幅幅耐人寻味的陶画作品。赵宝沟文化的几何纹饰复杂多变，有着比较明显的演变规律，大体上呈现出三个发展阶段。第一阶段的几何纹较为散漫而缺乏一定之规，有的甚至只是一些直线条的不定组合，好像刚从横压竖排之字纹脱胎出来的风格。第二阶段的几何纹渐趋规整，构图立意开始明显，但图案单元仍主要表现为横绕器壁的作风，使得整个器表的图案不能一目了然。第三阶段几何纹横绕器壁的趋势逐渐减弱，器表图案单元清晰，简明易识。

赵宝沟文化石器按制法可分为打制、琢制和磨制三种。大型

小山遗址出土动物纹尊形器及其纹饰展开图

石器种类较多，主要有斧、斧形器、锛、耜、凿、镞、刀、球、弹丸、磨棒、磨盘、磨石、有槽磨石、研磨器、砍砸器、饼形器、有孔斧形器和蛙形器等，绝大多数为磨制成器，制作精美，个别为打制或琢制。细石器均为压制而成，有单面压制和双面压制之分，

器类主要为镞、刮削器和尖状器，还有石叶和石核。最具特色的是磨制石器中的耜和斧。石耜上窄下宽，刃部略尖，顶部打出一个凹缺便于安柄。石斧数量较多，其特征是将斧体两侧磨成平棱，成为赵宝沟文化石器的标志性特征之一。

赵宝沟文化石耜

小山遗址所发掘的两座半地穴房址，均存有大量的陶器，它们多被击碎，随同整座房址一起在经历了焚烧后埋藏至今，这种毁器焚屋的现象在辽西区古文化中并不少见，当是一种传统性的祭祀活动。小山遗址这两座房址的陶器中，均有着造型典雅的尊形器，此种器类不同于赵宝沟文化其他陶器的单调的轮廓线，而是极富美感，加之该文化的动物纹饰皆出现于尊形器的外表，使其更增添了几分神秘的色彩，因此，它是赵宝沟文化陶器中最具代表性的祭器。小山F2②：30即是这类祭器中的最佳作品。此器在同类器物中制作最为规整，立领竖直，领高与腹高相同，也约等同于底径，且是假圈足高度的两倍，而口径与通高均为25.5厘米，可见此器的制作是经过严密计算的。这件尊形器最引人注目的是刻画在腹部的动物图案。图案的主体内容为鹿、猪、鸟三个动物的侧视形象，动物的轮廓内多以网格为充填纹饰，鹿有茸角，猪具长吻和獠牙，鸟画出勾形喙与顶冠，除少量的前肢外，其余的躯体部分都作抽象的表现，多画成流线或蜷曲纹，给人以强烈的动感。鹿和猪做奔驰状，鸟呈振翅之态，猪被刻画在鹿的前方，但它的部分躯体为鹿头遮掩，从而在人们视觉中留下了二者并行驱进的印象，鸟的位置离它们较远，大体上居于和它们相对的器腹另一侧。赵宝沟文化先民通过这幅不可多得的鸟兽图究竟表达了怎样的意境，学界诸说不一，但都将它视作小山遗址的祭祀精品。

从出土遗物看，赵宝沟文化的陶器种类较兴隆洼文化丰富，但筒形罐仍是出土数量最多的器类。器表装饰纹样以之字纹、几何形纹、动物纹为主。中国东北地区已知年代最早的之字纹出现于兴隆洼文化中期，至兴隆洼文化晚期发展成为主体纹样。赵宝沟文化的线形之字纹和篦点之字纹应是承继兴隆洼文化和富河文化的之字纹传统，而几何形纹饰亦能追溯至兴隆洼文化晚期。赵宝沟文化石器的加工方法与兴隆洼文化相近。尖弧刃石耜出土数量最多，是主要的掘土工具，与兴隆洼文化亚腰弧刃石铲造型相仿。作为加工谷物的主要工具，磨盘和磨棒是赵宝沟文化的典型器类，但未见规整的谷物收割工具。赵宝沟文化玉器目前发现较少，仅

知玉玦一种，而这种玉玦在兴隆洼文化出土数量最多。这些共性表明，兴隆洼文化和赵宝沟文化之间存在着直接的承继、发展关系。在聚落形态方面，两个文化之间虽各有特点，但也存在明显的共性。

兴隆洼文化和赵宝沟文化的聚落形态较为相似。第一，兴隆洼文化和赵宝沟文化的房屋形制相近，均为长方形或方形半地穴式建筑，灶址位于房屋的中部，均为浅坑式灶。西拉木伦河北部所见到的兴隆洼文化长方形或方形浅坑式灶，在赵宝沟文化时期依然流行。第二，兴隆洼文化和赵宝沟文化的房屋均成行排列，中心性聚落布局经过统一规划，精心设计，具有多层次性。以兴隆洼一期聚落和赵宝沟聚落为例，最大的房屋位于聚落的中心部位，每一排中亦有一座中心性房屋，从而形成了普通性房屋、单排里的中心性房屋、整个聚落里最大的中心性房屋三重结构。这种相似性绝非偶然，应是社会组织与结构相近的反映。第三，兴隆洼文化和赵宝沟文化的聚落规模大小有别，均可分成大、中、小三类。在居住址位置的选择上也具有较大的共性，多选在靠近水源的山坡或台地上。

兴隆洼文化和赵宝沟文化的生业经济均以狩猎经济为主导，兴隆洼一期聚落和赵宝沟聚落布局中所体现出的集体协作精神，应是从事狩猎活动的必然要求。与此同时，很多祭祀活动亦紧紧围绕着狩猎经济这一中心展开。兴隆洼遗址少数房址的居住面上出有聚组摆放的动物头骨，如兴隆沟遗址第一地点 F5，再如兴隆洼遗址 F180 内的居室墓葬 M118，墓主人右侧放有一雌一雄两头整猪，赵宝沟文化小山、赵宝沟遗址出有腹部刻画动物图案的尊形器，不难看出，祈求猎物繁盛、保佑狩猎活动成功是兴隆洼和赵宝沟先民举行祭祀的主要用意。

综上所述，赵宝沟文化是在直接继承兴隆洼文化的基础上发展起来的一支重要的新石器时代考古学文化，文化内涵丰富，其年代约为距今7000—6400年，晚期遗存与红山文化早期遗存相衔接，是红山文化的直接源头。

从聚落布局看，居住区与祭祀区明确分离，始自赵宝沟文化，对红山文化产生了重要影响。赵宝沟遗址是目前所知规模最大的一处赵宝沟文化中心性聚落。从平面布局看，分成西北和东南两区，靠近东南区东侧坡顶有一处面积为323.75平方米的祭祀平台，平台的边缘有墙的迹象，四面呈坡状，东侧坡度较大，其余三面较为平缓。从探沟解剖情况看，石砌平台直接建在生土之上，石块多为竖立叠筑，通常边缘的石块较大，中间底部用大石块、上部用小石块填充。红山文化晚期出现牛河梁、草帽山[1]、田家沟[2]、半拉山[3]等远离居住区的祭祀中心，应为承继赵宝沟文化祭祀传统的结果。

从出土遗物的特征看，赵宝沟文化时期的陶器制作水平较兴隆洼文化有了明显提高，陶器种类增多，出现了一批新的器形，施纹风格发生了显著变化，纹样繁缛，技法娴熟。主要器类有筒形罐、圈足鼓腹罐、椭圆底罐、平底钵、圈足钵、尊形器、斜口

1　田彦国、王苹：《红山古国——敖汉旗红山文化典型遗址》，内蒙古科学技术出版社2017年版。

2　李新全、王来柱："凌源田家沟红山文化墓葬群"，载《中国考古学年鉴·2010》，文物出版社2011年版，第189—190页；王来柱："凌源市田家沟红山文化墓地群"，载《中国考古学年鉴·2012》，文物出版社2013年版，第174—175页。

3　辽宁省文物考古研究所、朝阳市龙城区博物馆："辽宁朝阳市半拉山红山文化墓地"，载《考古》2017年第7期。

器等。纹样种类主要分为之字纹、几何形纹、动物纹三大类。赵宝沟文化之字纹筒形罐被红山文化直接承继。赵宝沟文化的动物形纹饰多装饰在尊形陶器的腹部，动物形象以鹿为主，也有的集鹿、猪、鸟于一体。尽管红山文化陶器中未见此类动物形纹饰，但在红山文化玉器造型方面，如玉猪龙、玉凤、玉鸮、玉鸟等均受到了赵宝沟文化的影响。红山文化玉猪龙与赵宝沟文化小山遗址尊形器腹部刻画的猪首龙的形态具有一脉相承的发展关系。赵宝沟文化时期出现的山顶祭祀平台、猪首龙陶纹、陶塑和石雕人像，为红山文化晚期晚段发达的祖先崇拜、龙图腾崇拜、天地崇拜等宗教观念找到了直接源头。

五、外来文化助推

红山文化所处的辽西地区拥有独特的地缘优势，是连接东北平原与中原腹地的纽带，属于典型的文化交汇区。辽西地区新石器文化的阶段性发展与更替，与黄河中下游地区考古学文化分期几乎同步。后者每一次文化转变、发展阶段的变更，都能在辽西地区产生相应连锁反应，归根到底是它们存在着文化互动机制。在聚落变迁和早期社会演进中，这主要发生于新石器时代晚期前段和后段。红山文化形成和发展过程中，也受到了诸多文化尤其是中原地区考古学文化的影响。文化的交流与交融，进一步推动了红山文化的繁荣与发展，成为辽西地区史前社会发生质变的重要推动力。

红山文化与中原仰韶文化的密切交流，使得红山文化陶器群面貌发生显著变化，其突出的特征是彩陶与压印之字纹陶共存，改变了本地区施压印压划纹饰夹砂陶在陶器中始终占据多数的局面。彩陶成为红山文化受到仰韶文化影响的直接证据。

辽西地区早于红山文化的小河西文化、兴隆洼文化、富河文化和赵宝沟文化中均未发现彩陶，红山文化彩陶的出现无疑是受到本地区以外文化因素影响的结果。从目前的考古发现看，长江下游的上山文化发现了中国境内最早的彩陶，年代在距今 10000 年前后，新石器时代中期的北方地区，大地湾文化早期彩陶已经出现，是中国黄河流域及北方地区目前已知最早的彩陶，口沿外多施有一周宽带红彩。红山文化早期晚段，彩陶开始出现，显示出红山文化面貌的形成；红山文化中期，彩陶纹样增多，成为红山文化的重要特征；红山文化晚期阶段，彩陶的使用范围发生转折性变化，在专属祭祀用陶器上装饰彩陶纹样，数量之多、纹样之精美、使用之规范，使得红山文化彩陶在中国新石器时代彩陶发展进程中占据重要地位。红山文化彩陶的出现无疑是吸纳黄河流域彩陶因素的结果。

如红山文化彩陶纹样中的直线条红彩与后冈一期文化十分相似，而对红山文化影响最大的无疑是庙底沟文化。庙底沟文化是当时黄河流域极为活跃的一支考古学文化，影响波及黄河中上游乃至河套等地的广大北方。喀左东山嘴发现的彩陶圈底钵应是这种影响的产物。此外，以圆点和弧边三角构成的中心对称图形为典型的庙底沟式彩陶花纹，在红山文化器物上也有大量的发现。[1]

魏家窝铺遗址是目前揭露面积最大的红山文化环壕聚落，年

1　朱延平："红山文化彩陶纹样探源"，载《边疆考古研究》第 6 辑，科学出版社 2007 年版，第 78—87 页。

第二章　千载文化积淀

代属于红山文化中期早段。遗址发现的红山文化时期陶器群特征明显，主要是以筒形罐为主。陶器种类有筒形罐、敛口鼓腹罐、深鼓腹罐、溜肩罐、侈口鼓腹罐、弧腹钵、折腹钵、弧腹盆、折腹盆、釜、壶、瓮、斜口器、器盖、杯、碗、盅、圈足罐、尊形器、三足钵、甑、盘、支脚等。筒形罐数量最多，其次为敛口鼓腹罐、弧腹钵、折腹钵、弧腹盆、折腹盆、釜，其他种类陶器则数量较少。

从陶器特征上看，筒形罐不仅发现数量多，其形制特征、器形大小和纹饰风格都具有鲜明的本地特色。但聚落遗址中发现的瓮、红顶钵、折腹盆、釜、器盖、溜肩罐、深鼓腹罐、彩陶钵以及一定数量的纹饰彩陶等，应当不是来源于本地，却与燕山以南地区的半坡文化、后冈一期文化和庙底沟文化有着相当密切的关系。如深鼓腹罐、瓮的形制特点与半坡文化的西安半坡遗址[1]及后冈一期文化的河南省安阳后冈遗址[2]深鼓腹罐瓮基本相同。红顶钵、折腹盆与后冈一期文化的后冈遗址红顶钵、折腹盆形状相同。釜、器盖、溜肩罐、深鼓腹罐、彩陶钵与河北正定南杨庄遗址[3]二、三期遗存的同类器相同。壶、彩陶片上的弧线三角纹与庙底沟文化的河北蔚县三关遗址[4]壶及彩陶片上的弧线三角纹相似。彩陶片上的弧线三角纹显然是来源于庙底沟文化的影响。

1 中国科学院考古研究所：《西安半坡——原始氏族公社聚落遗址》，文物出版社1963年版。

2 中国科学院考古研究所安阳发掘队："1971年安阳后冈发掘简报"，载《考古》1972年第3期；中国科学院考古研究所安阳发掘队："1972年安阳后冈发掘简报"，载《考古》1972年第5期。

3 河北省文物研究所：《正定南杨庄——新石器时代遗址发掘报告》，科学出版社2003年版。

4 张家口考古队："一九七九年蔚县新石器时代考古的主要收获"，载《考古》1981年第2期。

张星德通过对牛河梁遗址各地点叠压打破关系和陶器的深入分析，从中辨识出"女神庙组"陶器，进一步明确了牛河梁女神庙遗存形成时期的考古学文化发展形势。通过陶器的类型学分析，她认为牛河梁遗址出土的内叠唇钵、盆、瓮等形制均来自黄河流域，与西阴文化（即庙底沟文化）陶器发展演变的趋势近似。进入"女神庙组"阶段，素面筒形罐的形制也逐渐与西阴文化的器类接近。总体而言，牛河梁遗址发现数量较多的受西阴文化影响的陶器，因此来自黄河流域的西阴文化因素一直是牛河梁红山文化社会的重要成分。[1]

　　从聚落形态的演变看，受到后冈一期文化的影响，红山文化早中期的魏家窝铺、西水泉、哈喇海沟、二道窝铺遗址发现了带有火道的凸字形灶。上述遗址均分布在南部中心区，北部边缘区未见相关报道。此时除来自南方文化的因素外，北方外贝加尔地区考古学文化的影响也不容忽视，受其影响出现了圆形房址。但圆形房址数量很少，在各遗址已发掘房址中的比例均不超过50%。

　　早期社会演进中，红山文化早期、中期分别受后冈一期文化和仰韶文化庙底沟类型的影响，出现了平行线纹、斜线纹、条带纹、弧线三角纹、连涡纹等彩陶纹样。红山文化晚期无底彩陶器表面的勾连花卉纹和垂鳞纹极具特色，通常认为，二者是在吸收黄河中游文化因素的基础上发展演变而来的。由于无底彩陶器数量庞大，是重要的祭祀用具，所以黄河中游地区对辽西地区早期社会演进的影响不容忽视。但是，此类器物通常分布在积石冢的冢界

　　1　张星德："牛河梁遗址'女神庙组'陶器的辨识及其意义"，载《考古》2018年第11期。

或冢墙边缘，墓葬之中极为少见。墓内随葬品以玉器为主，其不仅反映墓主身份、地位，而且在祭祀活动中的重要性明显高于无底彩陶器。这说明辽西地区新石器时代的早期社会虽吸收外来文化因素，但发展至峰值最高点时，它们在祭祀活动和社会发展中仅处于次要地位。[1]

1　陈醉："辽西地区新石器时代聚落变迁与早期社会"，吉林大学博士学位论文，2019年，第353—354页。

第三章　开创文明先河

　　红山文化是辽西地区发现与命名最早、知名度最高的新石器时代考古学文化，其遗物早在 20 世纪初就已被发现。1906—1908 年，日本人鸟居龙藏先后三次进入赤峰境内开展考古调查，首次披露了西拉木伦河流域的红山文化遗存。1919—1924 年，法国学者桑志华和德日进也数次在赤峰地区进行调查。1921 年，瑞典人安特生发掘了锦西沙锅屯洞穴遗址，也有红山文化遗物出土。1930 年，梁思永先生对英金河与红山后一带进行了考古调查。1930—1933 年，日本人牟田哲二等人在红山及其附近采集文物标本，德永重康等人在红山前、后采集了一些遗物并发掘了几座石棺墓。1935 年，日本东亚考古学会对红山后遗址进行了发掘。1938 年，滨田耕作、水野清一主编的《赤峰红山后》一书出版。1934 年，佟柱臣先生到赤峰地区进行了考察，发现多处红山文化遗址。1949 年春天，翁牛特旗村民在东拐棒沟遗址附近采集到一件红山文化的标志性玉器——C 形黄玉龙，但由于知者甚少，未引起重视。

　　1954 年，尹达先生根据梁思永先生的建议，正式提出红山文

化的定名。[1] 1956 年，裴文中、吕遵谔、严文明先生等对红山遗址群进行了野外调查和复查发掘，[2] 随后又到林西县调查了砂窝子、锅撑子山和林西县西门外山坡等地。[3]

1963 年，中国科学院考古研究所内蒙古工作队对赤峰西水泉遗址进行考古发掘，揭露面积 774 平方米，确认该遗址主体为红山文化遗存，清理房址 3 座，同时发现夏家店下层文化窖穴打破红山文化地层，明确了二者之间的相对年代关系。[4] 同年还对蜘蛛山遗址进行了发掘，该遗址包含少量红山文化遗存，出土有垂弧纹彩陶罐等器物。[5]

进入 20 世纪 70—80 年代，以东山嘴、牛河梁等遗址的发现与发掘为代表，红山文化发现与研究取得突破性进展。1973 年，辽宁省博物馆、昭乌达盟文物工作站、敖汉旗文化馆对敖汉旗小河沿公社老哈河、蚌河流域进行了调查，在四道湾子大队三道湾子生产队村南和白斯朗营子大队的塔山、南台地、四稜山发现遗址 6 处。[6] 同年，阜新县化石戈公社台吉营子大队胡头沟村社员在牤牛河东岸断崖上发现一座石棺墓，7 月，阜新文化局、辽宁省博物馆文物工作队对该墓葬进行了发掘，在墓葬之上揭露出一处大

1　尹达：《中国新石器时代》，生活·读书·新知三联书店 1955 年版。其中"关于赤峰红山后的新石器时代遗址"一文，对红山后出土的资料进行了总结研究，正式定名为红山文化。

2　吕遵谔："内蒙赤峰红山考古调查报告"，载《考古学报》1958 年第 3 期。

3　吕遵谔："内蒙林西考古调查"，载《考古学报》1960 年第 1 期。

4　中国社会科学院考古研究所内蒙古工作队："赤峰西水泉红山文化遗址"，载《考古学报》1982 年第 2 期。

5　中国社会科学院考古研究所内蒙古工作队："赤峰蜘蛛山遗址的发掘"，载《考古学报》1979 年第 2 期。

6　辽宁省博物馆、昭乌达盟文物工作站、敖汉旗文化馆："辽宁敖汉旗小河沿三种原始文化的发现"，载《文物》1977 年第 12 期。

石圆圈和排列有序的彩陶筒形器群，另在该墓葬南侧清理出另一座随葬玉器的多室石棺墓。[1]

1974年5月，辽宁省博物馆文物工作队的郭大顺、姜念思和王成生对翁牛特旗境内西拉木伦河北岸的海金山遗址进行了调查，发现了红山文化遗存。[2]1974年6—8月，为配合沙通铁路建设，辽宁省博物馆、昭乌达盟文物工作站、敖汉旗文化馆等单位对敖汉旗小河沿乡三道湾子遗址和四稜山遗址进行了发掘，在四稜山遗址首次发现红山文化陶窑址6座。[3]

1979年5月，辽宁开展全省文物普查试点，在大凌河流域的喀左县东山嘴村发现一处原始社会末期的大型石砌祭坛遗址，当年秋季被选为辽宁省文物干部培训班喀左队实习地点，1982年，辽宁省博物馆文物工作队对该遗址进行了再次发掘，累计揭露面积2250平方米，发现石砌建筑基址多处。[4]1979年6月，辽宁省文物普查训练班在凌源县进行文物普查时发现三官甸子城子山遗址；10月进行了试掘，清理面积200平方米，发现红山文化墓葬3座、房址1座。[5]值得一提的是，1971年，翁牛特旗三星他拉（现称赛沁塔拉）村民采集到1件C形碧玉龙，[6]随后上交给翁牛特旗

1　殷春、刘葆华："辽宁阜新县胡头沟红山文化玉器墓的发现"，载《文物》1984年第6期。

2　辽宁省博物馆文物工作队："内蒙古翁牛特旗两处新石器时代遗址"，载《内蒙古文物考古》1984年。

3　辽宁省博物馆、昭乌达盟文物工作站、敖汉旗文化馆："辽宁敖汉旗小河沿三种原始文化的发现"，载《文物》1977年第12期。

4　郭大顺、张克举："辽宁省喀左县东山嘴红山文化建筑群址发掘简报"，载《文物》1984年第11期。

5　李恭笃："辽宁凌源县三官甸子城子山遗址试掘报告"，载《考古》1986年第6期。

6　翁牛特旗文化馆："内蒙古翁牛特旗三星他拉村发现玉龙"，载《文物》1984年第6期。

旗文化馆，引起了文物工作者的重视，但仍未对其年代做出准确的判断。

　　1981 年，辽宁省文物考古研究所在文物普查中再次发现并确认牛河梁遗址。[1]自 1983 年起，辽宁省文物考古研究所等正式对该遗址多个地点展开发掘工作。1983 年进行试掘，确认 1981 年发现的第二地点为积石冢性质，并发现女神庙遗址（后编号为第一地点第一建筑址）、多处积石冢群及一座方形广场的石砌围墙遗迹，确认牛河梁为红山文化遗址群；发掘女神庙 J1B 主室西侧，出土女神头像。1984 年，试掘第一地点"女神庙"建筑址并发掘第二地点一、二、三号冢，其中 Z1M4 出土玉猪龙及斜口筒形器，为红山文化玉器"一锤定音"。1985 年，继续试掘第一地点"女神庙"遗址表层南单室，发现庙北大型山台和此山台北侧泥塑人像、建筑构件遗迹及山台东南侧遗迹。1986 年，发掘第二地点四号冢、第三地点积石冢和转山子（后编为第十三地点），其中 N2Z4 冢上墓中发现铜环饰，转山子发现冶铜坩埚片。1987 年，发掘第五地点一号冢中心大墓，出土勾云形玉器、玉龟等玉器 7 件；继续发掘第二地点，其中 N2Z1M17 出土双人首三孔玉器和玉凤首各 1 件，N2Z4 出土印章形玉器 1 件。同时在第十三地点调查时发现炼铜坩埚片。1988 年，试掘第一地点，在山台南侧发现南北方向疑似"路"的遗迹，N1J3 出土一批可复原的陶筒形器；继续发掘 N2Z4，揭露出第二地点五号冢（N2Z5）；继续发掘第五地点，N5Z2 出土小型泥塑人像；继续发掘第十三地点，明确有红山文化时期的"原始"

　　1　牛河梁遗址历年考古工作均采自《牛河梁遗址考古大事记》，见辽宁省文物考古研究所：《牛河梁——红山文化遗址发掘报告（1983～2003 年度）》，文物出版社 2012 年版，第 578—581 页。

夯土；在哈海沟发现积石冢和砌石建筑，编号为第十四、十五地点，同时将三官甸子城子山纳入牛河梁遗址群范围内，编号为第十六地点，从而将遗址群范围扩定在50平方千米左右。1989年，在第一地点"女神庙"东侧地表下揭露出猪骨和陶片，与女神庙现存庙口大致在同一高度，为确定当时地面提供了确凿的证据；继续发掘第二地点，发现N2Z1M21，出土20件玉器，是牛河梁遗址随葬玉器数量最多的一座墓葬；继续发掘第十三地点，揭露出环形石墙，确定了该地点的范围和结构；本年度还对发现的冶铜遗迹和玉器进行了初步鉴定与研究。牛河梁遗址的发掘，不仅使得红山文化玉器群得到科学确认，更是引起了学术界有关文明起源和发展的大讨论，苏秉琦先生依据牛河梁坛、庙、冢的发现，提出著名的"辽西古文化古城古国"理论。[1]

该阶段的重要发现还有很多。1980年，巴林右旗博物馆在文物普查时发现那斯台遗址，次年又联合昭乌达盟文物工作站对遗址进行了复查，采集了包括大量玉器在内的丰富遗物。[2]1987年，中国社会科学院考古研究所内蒙古工作队对敖汉旗西台遗址进行了发掘，共揭露面积5400平方米，清理壕沟18段、房址19座、灰坑80座，出土了丰富的陶器、石器等遗物。[3]此外，兴隆洼、白音长汗等遗址的发掘中也揭露出部分红山文化遗存。1987年，当地牧民在巴林右旗查日斯台嘎查西北采集兽形玉器1件，次年

1　苏秉琦："辽西古文化古城古国——兼谈当前田野考古工作的重点或大课题"，载《文物》1986年第8期。

2　巴林右旗博物馆："内蒙古巴林右旗那斯台遗址调查"，载《考古》1987年第6期。

3　杨虎、林秀贞："内蒙古敖汉旗红山文化西台类型遗址简述"，载《北方文物》2010年第3期。

巴林右旗博物馆先后对该遗址进行了三次调查，确认主体属于红山文化时期，获得了一批较为丰富的遗物资料。[1]

20世纪90年代，牛河梁遗址的发掘工作仍在继续。1990年，继续发掘第十三地点，将石墙全部揭开并作了局部解剖，同时与日本学者合作对第十六地点进行了测绘。1991年，发掘第二地点

牛河梁遗址女神庙出土女神头像

---

1 巴林右旗博物馆："内蒙古巴林右旗查日斯台嘎查遗址的调查"，载《考古》2002年第8期。

一号冢中心线上的两座大墓 N2Z1M25、N2Z1M26，均为一侧起台阶的土圹砌石墓；发掘 N2Z1 南侧 M23，出土玉龙凤佩 1 件；解剖 N2Z1 北墙，确认内外各两道石墙；解剖 N2Z3，未见墓葬，确认其为祭坛性质；继续发掘第十三地点，在中部做局部解剖。1992 年继续发掘第二地点，揭露五号冢（N2Z5）与六号冢（N2Z6）。1993 年，继续发掘 N2Z4，在南部发现较小的积石冢，其中 M5、M6 各随葬 1 件完整的带盖彩陶瓮，这是首次在牛河梁积石冢墓葬中出土陶器。1994 年，继续发掘第二地点，N2Z1M27 出土大型勾云形玉器，N2Z2 中心大墓南侧发现三座砌石墓，明确牛河梁红山文化积石冢有在中心墓南侧置其他附属墓葬的现象。1995 年，继续发掘第三地点，发现周围有一打入基岩的围沟，正好将积石冢围住，沟内出有红山文化积石冢石块、残陶人面和战国时期陶片。1996 年，继续发掘 N2Z4，出土彩陶器和斜口筒形器等器物，明确该冢可分为下、上层早晚两个阶段，牛河梁遗址的分期取得关键突破。1997 年，在第一地点山台西南角发现一处红山文化的圆形土坑，出土大型陶盆（后确认为塔形器）和石器；继续发掘第

牛河梁、半拉山遗址出土玉猪龙

二地点，解剖二号冢中心墓（N2Z2M1），明确其为四边各起两层台阶的结构；清理三号祭坛（Z3）内圈，发现原状排列的陶筒形器；同时继续发掘第十三地点。1998年，对第二地点进行补充勘探和清理，同时继续发掘第五地点，在一号冢西侧发现一段围沟。1999年，发掘第五地点下层灰坑。

　　该阶段为配合基本建设，考古工作者在西拉木伦河流域发掘了克什克腾旗南台子、盆瓦窑、林西县水泉、巴林左旗二道梁等遗址，也发现了部分红山文化遗存。

　　进入21世纪以来，为验证地层和编写发掘报告，辽宁省文物考古研究所又对牛河梁遗址进行了两次发掘。2002年，补充发掘第十六地点，发现中心大墓（N16M4）；2003年，在第十六地点积石冢的南部发现随葬玉器的石砌墓并进行发掘，牛河梁的发掘工作暂告一段落。2008年，在开展第三次全国文物普查工作中，牛河梁遗址保护区范围内又发现27处红山文化时期的遗存地点，多处为积石冢性质的遗址点；2009年，为配合牛河梁遗址保护工程，又在第一、二地点进行了补充发掘，在第一地点山台北侧发现建筑址（N1J4），第二地点新发现陶质斜口筒形器和熏炉器盖等重要陶器。

　　2000年，辽宁省文物考古研究所对朝阳县小东山遗址进行了发掘，清理红山文化房址10座、灰坑20座及灰沟1条。[1]

　　2001—2003年，中国社会科学院考古研究所内蒙古第一工作队发掘了敖汉旗兴隆沟遗址，该遗址包含三个地点，经发掘确认

1　辽宁省文物考古研究所："朝阳小东山新石器至汉代遗址发掘报告"，载《辽宁省道路建设考古报告集》，辽宁人民出版社2004年版，第1—94页。

第二地点为红山文化晚期中型环壕聚落，[1] 与牛河梁遗址上层积石冢遗存年代相当。2012 年，在对该地点进行测绘时发现人像残件，随后进行了调查与清理，最终完整复原一件目前形体最大的红山文化晚期整身陶人像。

2001、2006 年，内蒙古自治区文物考古研究所与敖汉旗博物馆对四家子镇草帽山遗址进行了两次抢救性发掘，确认其为一处红山文化晚期祭祀和埋葬遗址，分东、中、西三个地点。加上此前 1995 年的发掘，三次发掘累计共揭露面积 1500 平方米，清理墓葬 14 座、祭坛 1 处。[2] 2005 年，吉林大学边疆考古研究中心对赤峰市松山区上机房营子和西梁遗址进行了发掘，清理红山文化陶窑 2 座，出土大量遗物。[3]

2008 年，通过开展第三次全国文物普查，在赤峰市红山区发现魏家窝铺遗址，随后对该遗址进行了复查与勘探，确认其为一处红山文化时期的环壕聚落。[4] 2009—2012 年，内蒙古自治区文物考古研究所、吉林大学边疆考古研究中心等先后对该遗址进行了三次发掘，揭露面积超过 15320 平方米，共清理房址 114 座、灶址 15 座、灰坑 219 座及环壕 3 条，出土陶器、石器、蚌器、动物骨骼等大量遗物。[5]

---

1 中国社会科学院考古研究所内蒙古第一工作队："内蒙古赤峰市兴隆沟聚落遗址 2001—2003 年的发掘"，载《考古》2004 年第 7 期。

2 田彦国、王苹：《红山古国——敖汉旗红山文化典型遗址》，内蒙古科学技术出版社 2017 年版。

3 吉林大学边疆考古研究中心、内蒙古自治区文物考古研究所："内蒙古赤峰市上机房营子遗址发掘简报"，载《考古》2008 年第 1 期。

4 段天璟、成璟瑭、曹建恩："红山文化聚落遗址研究的重要发现——2010 年赤峰魏家窝铺遗址考古发掘的收获与启示"，载《吉林大学社会科学学报》2011 年第 4 期。

5 成璟瑭、塔拉、曹建恩、熊增珑："内蒙古赤峰魏家窝铺新石器时代遗址的发现与认识"，载《文物》2014 年第 11 期。

　　2009 年，通过开展第三次全国文物普查，分别在朝阳市龙城区和凌源市发现半拉山和田家沟遗址。当年对田家沟遗址第一、二地点进行了发掘；2010 年对第三、四地点进行了局部清理；2011 年又对第二、三、四地点进行了全面揭露。三年共计发掘面积 2105 平方米，发现红山文化晚期墓葬 42 座，人骨个体 46 具，出土红山文化玉器 19 件、彩陶盖罐 5 件、夹砂红陶罐 2 件、陶塔形器 1 件、石斧 3 件、骨角器 4 件，以及大量的陶筒形器、器座残片等。[1]

　　2011 年，为配合集通铁路复线建设，内蒙古自治区文物考古研究所、赤峰学院联合对林西县柳树林遗址进行了抢救性发掘，揭露面积 2500 余平方米，清理房址 20 座、灰坑 30 座。[2] 同年，内蒙古自治区文物考古研究所对巴林左旗友好村二道梁遗址进行了抢救性发掘，清理的 7 座墓葬圹穴皆直接开凿于山岩之中，葬式分为单人葬和双人合葬两种，随葬有陶器、石器及玉器等，以玉器为主，有锛、管、璧、镯等，另外还有水晶和玛瑙饰件。其时代属红山文化中期。[3]

　　2016 年，辽宁省文物考古研究所、朝阳龙城区博物馆联合发掘半拉山遗址，发掘面积约 1600 平方米，确认该墓地经过精心规划和营建，在地表积土为冢，墓葬和祭祀遗迹均建于人工土冢上。

1　李新全、王来柱："凌源田家沟红山文化墓葬群"，载《中国考古学年鉴·2010》，文物出版社 2011 年版，第 189—190 页；王来柱："凌源市田家沟红山文化墓地群"，载《中国考古学年鉴·2012》，文物出版社 2013 年版，第 174—175 页。

2　内蒙古自治区文物考古研究所："赤峰市林西县柳树林红山文化遗址发掘简报"，载《草原文物》2015 年第 1 期。

3　内蒙古自治区文物考古研究所："巴林左旗友好村新石器时代墓地发掘"，载《草原文物》2014 年第 1 期。

共清理墓葬 78 座、祭坛 1 座和祭祀坑 29 座，出土玉器 140 余件及造型各异的石雕人像、陶塑人像等重要遗物。[1]

2017 年，内蒙古自治区文物考古研究所对林西县野狼沟遗址进行了发掘，揭露面积 5000 平方米，分三区进行，其中二区位于遗址北部，属红山文化遗存，清理房址 6 座、灰坑 20 座。此外，内蒙古自治区文物考古研究所还对林西县樱桃莫河南梁和转山子两处遗址进行了发掘，均属于红山文化，其中在转山子遗址清理房址 7 座、灰坑 10 座。[2]

自 2019 年起，辽宁省文物考古研究院对朝阳市建平县马鞍桥山遗址进行了发掘，揭露出一处红山文化早期的环壕聚落。2019 年发掘面积 1000 平方米，发现房址 8 座、灰坑 24 座、灰沟 1 条。出土遗物主要为陶器、石器、骨器等，数量达 1000 余件。2020 年，揭露面积约 1100 平方米，共发现房址 3 座、灰坑 22 个、聚落环壕 1 条。出土遗物主要为陶器、石器、骨角器等。此外，还发现有兴隆洼文化时期的遗物。

自 2018 年以来，中国社会科学院考古研究所、辽宁省文物考古研究院等单位联合重启了牛河梁遗址的发掘。2018 年，对牛河梁遗址第一地点二号建筑进行发掘与测绘，进一步确认二号建筑是由多组山台构成的大型建筑址，最大建筑面积超过 3 万平方米，除北、东两组山台外，新确认了 6 组山台。对 2 号台址内侧进行了发掘清理，发现堆石遗迹 3 座、建筑址 2 座、石墙 1 道，出土遗物以筒形器和塔形器为主，彩陶纹饰中新发现方格纹。通过调

1　辽宁省文物考古研究所、朝阳市龙城区博物馆："辽宁朝阳市半拉山红山文化墓地"，载《考古》2017 年第 7 期。

2　内蒙古自治区文物考古研究所："2017 年内蒙古文物考古研究所考古发现综述"，载《草原文物》2018 年第 1 期。

查和发掘工作，初步确认牛河梁遗址第一地点2号建筑址由近似阶梯状分布的8组山台构成，以区域内的公路为界，从北端逆时针方向排序分别编号T1—T8，2020年的工作进一步确定了山台的范围和结构。通过发掘大体可以确认山台上石墙皆不挖基槽，直接在基岩上砌筑，建筑方式至少有两种，一种见于T1，石墙两面砌筑规整，内侧填充石块，厚约1.5米，内侧垫土。另一种为护坡石墙，见于T8，不见规整的边界砌石，在垫土或铺垫碎石块的台地外侧铺设石块形成护坡。年代测定和考古学分析结果表明，牛河梁第一地点2号建筑址从建成到废弃至少经过了500年左右的时间。

一、社会组织复杂化

红山文化遗址分布密集，是人口迅猛增长的标志，而聚落间的分级和超大规模中心性聚落的出现是社会组织复杂化的印证。以20世纪80年代敖汉旗境内文物普查资料为例，全旗境内共发现新石器时代至铜石并用时代的遗址606处，其中单纯的红山文化遗址便有477处，约占遗址总数的78.7%。从遗址的规模看，小型遗址仅有4000—5000平方米，大型遗址的规模可达2—3平方公里。相比而言，小河西文化尚未发现大型聚落，兴隆洼文化和赵宝沟文化大型中心性聚落均不足10万平方米，与红山文化形成鲜明的对比。

通过对红山文化聚落及埋葬、祭祀遗存的分析，可以对红山文化社会结构和社会性质做出客观推断。红山文化晚期聚落内出现不同等级的社区，高等级的社区内以面积最大的房址为中心，房址的排列凸显中心性大房址的地位，而环绕大房址的其他房址面积也明显大于其他社区的房址，甚至大于其他社区的中心性房址。其实在红山文化早期晚段的魏家窝铺聚落已经出现相对独立的社区。聚落中不同等级社区的出现，证明红山文化时期社会结构已经发生变化，特殊阶层已经出现。

除聚落外，祭祀遗址当中也表现出了明确的布局与分化。东山嘴遗址中心部分为一座大型方形基址，东西长11米、南北宽9.5米。基址底部为平整的黄硬土面，间有大片的红烧土面，黄硬土面上置石堆和零散石块。基址四边均砌石墙基。方形基址内置有大量石块，可明显分辨出三处石堆。其中南侧中部石堆最大，由密排立置的长条石组成，略呈椭圆形，东西直径约2.5米。两翼又可分为南、北两部分。北部两翼分别为两道南北走向、相互对称的石墙基。墙基皆用加工整齐的长条石砌成单行单层。石墙基上都叠压黑灰土夹石片层，内含泥质红陶片。南部两翼皆有石堆，东侧石堆以长条石平卧为主，形成长11米、宽2米的石带。此石带距方形基址东墙为0.5米。西侧石堆较零散。南部两翼石堆的位置虽不如北部两翼石墙基那样准确对称，但从其布局和石堆性质的接近也可推定为相互对应的建筑遗迹。

前端部分可分石圈形台址与多圆形石砌基址，石圈形台址距方形基址南墙基约15米，平面为正圆形，直径2.5米，是在黄土堆积的上部铺砌而成。周围以石片镶边，石片皆近长方形，向外一边平齐，使整个圆台址的边缘显得十分整齐。石圈内铺一层大小相近的小河卵石。多圆形石基址在石圈形台址以南约4米，已残缺，可分辨出三个相连的圆形基址。其中两个尚有轮廓，近椭圆形。这两个基址都为单层石块砌成，边缘都以大块河卵石砌出

两圈。石圈内铺较小石块形成台面。从地层分析，多圆形基址形成时间当早于石圈形台址。

该遗址的建筑形式有一定的格局，是具有相当规模的祭祀遗存，石砌建筑基址呈组群布局，而且采用均衡对称的方式，以南北纵轴线设计主要建筑，注重中心建筑与两侧建筑对称，方形建筑与圆形建筑对应，从一个侧面反映了红山先民在建筑规划布局方面的高水平造诣。

牛河梁遗址主体分布范围50平方公里，统一规划，布局有序，建筑宏伟，出现祭坛、女神庙、积石冢等标志性建筑。积石冢内有中心大墓、次中心大墓、边缘墓之分，等级制度确立。玉器成为最主要的随葬品，多为墓主人生前使用，死后用来随葬，成为墓主人生前社会等级、地位和身份的象征和标志物。制陶业高度发达，除日用陶器外，还出现了数量可观的专属祭祀用陶器。

根据牛河梁遗址上层积石冢66座墓葬的分布位置、圹穴规模、墓葬形制等，将其分为中心大墓、次中心大墓、边缘墓葬，其中，中心大墓、次中心大墓数量明显最少，边缘墓葬数量较多，这种墓葬等级的划分是红山文化社会分层的真实写照。再依据随葬玉器种类、数量多寡、组合关系的变化，把牛河梁遗址上层积石冢墓葬细分成8个等级：第一等级，中心大墓，仅有2座，为N16M4、N2Z2M1；第二等级，主要为中心墓及次中心墓，有3座；第三等级有墓葬3座；第四等级有墓葬10座；第五等级有墓葬5座；第六等级有墓葬6座；第七等级有墓葬10座；第八等级有墓葬27座。牛河梁遗址上层积石冢墓葬划分的八个等级正是红山文化时期社会分层的标志，具体出现在红山文化晚期晚段，以牛河梁上层积石冢阶段的墓葬为代表。

赤峰市红山远景

　　在埋葬和祭祀性遗址的分布和布局方面，积石冢建在山梁或土丘的顶部，有单冢与多冢之分，规模大小有别，牛河梁遗址集坛、庙、冢于一体，是红山文化晚期已知规模最大的一处中心性埋葬和祭祀遗址。从积石冢和祭坛的形制看，红山文化与兴隆洼文化和赵宝沟文化之间具有一脉相承的发展关系；但在埋葬和祭祀遗址数量、规模、布局和位置的选择等方面，红山文化晚期发生了显著的变化，是社会变革的有力证据。

　　红山文化晚期，社会分化加剧，等级制度确立。牛河梁遗址第十六地点 4 号墓是目前所发现的规格最高的一座红山文化石棺墓，砌筑棺壁的石板达 17 层，随葬的玉人、玉凤和斜口筒形器代表一种新型的高规格玉器组合关系，其中玉人、玉凤系首次发现。

中、小型墓葬圹穴和石棺的规模偏小，随葬玉器的种类和数量明显偏少。红山文化晚期已经出现了较完备的玉礼制系统，这是中国目前所能确认的年代最早的礼制形态。已有的研究结果表明，被埋葬在积石冢石棺墓内的死者绝非普通社会成员，其生前应为主持各种祭祀活动的祭司。牛河梁遗址其他地点经过鉴定的大型墓的墓主人均为男性，说明在红山文化晚期高层统治者中男性占据主导地位。

二、发达的物质文化成就

红山文化中、晚期，农业经济占据主导地位，渔猎采集经济依旧十分发达，稳定而富足的食物来源为人口的迅猛增长和手工业的分化提供了基本保障。小河西文化、兴隆洼文化、富河文化、赵宝沟文化的经济形态中，渔猎采集经济占据重要地位，房址和灰坑内发现大量的动物骨骼、鱼骨是当时人从事渔猎活动的实证。兴隆沟遗址第一地点发现了人工栽培作物遗存，经鉴定主要为黍和粟，证明兴隆洼文化时期农业经济已经产生，北方旱作农业系统在距今8000年左右开始形成，为红山文化的兴盛奠定了重要物质基础。从古环境资料看，内蒙古东南部和辽宁西部地区在距今6000年左右结束干凉阶段，气候转暖，为红山文化晚期农业经济的繁荣和发展提供了客观保障。

制陶业是红山文化社会重要的手工业门类之一。红山文化陶器数量多、种类丰富，工艺技术水平相较于兴隆洼文化、赵宝沟文化等有了明显的提高。制陶工艺的飞跃体现在泥质红陶的产生和流行，而施纹工艺的革新则是彩陶的出现和本土化发展。根据出土位置，红山文化陶器的使用功能可以明确分为两类：一类为日常生活用器，多出土于房址、灰坑及壕沟内，如筒形罐、钵、碗、斜口器、瓮、壶、盆、盘、杯、盅等，主要用于炊煮、饮食、盛储之用；另一类为祭祀用器，多出土于积石冢、祭坛或祭祀坑内，以牛河梁遗址最具代表性，主要器类有罍、无底筒形器、无底钵形器、塔形器等。这种功能上的区分也直接体现在制陶技术和施纹工艺上。红山文化彩陶的出现和流行，不仅丰富和美化了红山文化先民的日常生活，更深层次的意义在于彩陶成为祭祀活动中的重要用器，是积石冢、祭坛等祭祀礼仪建筑中不可缺少的组成部分。无底筒形器、无底钵形器多一面施彩，成行排列在积石冢石墙内侧，施彩的一面朝向外侧，具有明显烘托祭祀氛围的功能。红山文化晚期，产生了祭祀类专用纹饰，如大三角折窄带纹，仅见于无底筒形器和塔形器上，在日用陶器上未见。弧线三角双勾纹、弧线三角勾连纹等虽然也在居址中出现，但多出在红山文化晚期的祭祀遗址内。在红山文化所有陶器中，塔形器的造型最为独特，工艺技术水平最高，是一种专属的祭祀用器。单独一件塔形器上，就往往涉及三类纹样，其中必有镂空和彩陶，这是红山文化其他类陶器中绝无仅有的，独特的造型艺术被赋予到了塔形器上，这样的祭祀行为无疑是有制度的，其背后隐含的社会分化是等级清晰、礼制完备的。同样还有镂空器盖和罍这两类陶器，工艺复杂、造型精美，前者仅出土于祭祀建筑内，后者仅用作下层积石冢墓葬内的随葬品，这种专属的功能指向，无疑更强烈地佐证了红山文化高度发达的祭祀礼仪制度。[1]

红山文化时期建筑技术取得巨大进步。女神庙位于牛河梁遗

1　刘国祥：《红山文化研究》，科学出版社2015年版，第512—513页。

址第一地点的山梁较高处，其主梁北山顶有一巨大的平台，面积近28000平方米，周边发现有石砌"墙基"。女神庙即位于平台南面的平缓坡地上，庙体由南、北两组建筑组成。北组建筑规模较大，有主侧室和前后室之分。主室呈长方形，前、后室及侧室呈长方形或椭圆形。南组建筑规模较小，形制简单。中部近圆形，至两侧折变为方形。庙体为半地穴式建筑。地面平整坚实，经过

牛河梁
遗址第一地
点女神庙

一定程度的火烧。对于墙体的建筑有突出性成就：依穴壁立木柱为骨，扎结禾草为筋，然后内外敷底泥，表皮抹二至三层细泥，并压抹光滑，绘以赭红、黄白相间的几何形彩绘图案。女神庙本身的设计、建造体现出中轴对称的建筑风格，其半地穴式结构当属对居住建筑的承继。木骨草筋敷泥筑起的墙体是红山文化先民的一种伟大尝试，具有承重合理、轻巧美观的效果。色彩的烘托和纹样的装饰增强了建筑物的特殊属性的神秘色彩。视感反应易于引起人们心灵上的共鸣，这正是建筑物的外形和内容高度统一的最佳体现。

红山文化聚落规模的增大和聚落群址的出现，促进了建筑业的飞速发展。从居住建筑中可以看出，人们对生态条件的应变能力日益增强。从村落的定点、布局到房屋的设计、建造以及内部的安排都利于人们的经济活动与社会生活，形成了一整套特定的模式，并且在实践中日益得到完善。建筑技术的发展与提高突出表现在大规模建筑群体的设计与规划，以及对于新型建筑材料的加工和使用方面。在浩浩荡荡的建筑队伍中，一大批优秀的建筑师走在了时代的前沿，他们为红山文化建筑业的发展作出了不可磨灭的贡献。对于那些特殊性质的建筑，适应社会发展的需求是它们得以产生的主要原因。同时，建筑者的智慧和辛勤亦融入其中，形成了多姿多彩、气势非凡的建筑风格。直至今天，中轴线两侧对称、主附体建筑相配的风格一直被延续下来，构成我国传统建筑的精髓。值得一提的是，世俗情趣和时尚对于建筑物的影响也是不可忽视的，它们在建筑物的设计和布局中能够得到反映，诸如积石冢之类特殊性质的建筑能够在广大区域内普遍流行，定与世俗时尚有很大的关系。

　　制陶及建筑技术的发展与进步在红山文化的各类塑像上也有较为直观的反映。女神庙内出土了泥塑的人物头像和肩、臂、手等人体部位的残块，还有泥塑的猛禽等动物形象，代表了红山文化泥塑造像的最高水平。从出土位置及塑像种类、形态方面考察，这批塑像具有以下三个特点：其一，出土位置比较固定，集中分布在女神庙的主室、侧室内。女神头像出土在圆形主室的西侧。其二，所塑造的形象以人像为主，兼有动物形象。人像的比例不一，有的与真人相仿，有的形体硕大，近乎真人的三倍。其三，所塑造的人像存在不同年龄段的个体，对于身体各部位的处理均能抓住本质特征，采用写实与艺术夸张相结合的方式加以塑造，视感效果颇佳。比如通过对双目、脸颊、唇部的艺术加工，将女神沉思凝重、怡悦安详的面部表情与神态刻画得淋漓尽致、栩栩如生。

　　用于塑像的泥土原料要比烧制陶器的用料规格高，要求严格。根据像体的不同部位和塑造的不同程序选用成分、细度不同的泥料。大型塑像采用分层包塑法，小型塑像和大型塑像的一些小部位则采用直接捏塑法。在女神头像后部的断裂面发现有立柱痕迹；在一些胸、壁残块的内腔发现有禾草秸秆的架痕。由此推知，当时的塑像是先立木柱并扎结禾草形成基本骨架，然后逐层塑泥。此外，在一些人像上臂塑件的空腔内还发现有肢骨碎片，说明当时匠人采用了在人骨架上直接塑泥的艺术手法。[1]

　　玉雕工艺技术是判定史前时期生产力水平提高的重要标志之一，也是判定当时社会是否拥有高等级技术能力的重要实证之一。红山文化在形成和发展的过程中，出色承继了兴隆洼文化和赵宝

　　1　刘国祥："论红山文化建筑与手工业技术进步"，载《汉唐与边疆考古研究》第一辑，科学出版社 1994 年版。

沟文化的传统，在玉雕工艺技术方面具有明显的传承轨迹。兴隆洼文化玉器是中国迄今所知年代最早的真玉器，将我国雕琢和使用玉器的历史上推至距今 8000 年左右的新石器时代中期，开创了中国史前时期雕琢和使用玉器之先河。玉玦是兴隆洼文化最典型的器类之一，通常成对出自墓主人耳部，是世界范围内目前所知年代最早的耳饰。红山文化早期的资料零散，目前尚未发现玉器。红山文化中期玉器发现数量较少，目前仅知克什克腾旗南台子遗址的一座墓葬内出土一对玉玦，但由此证实兴隆洼文化玉器是红山文化玉器的直接源头。

红山文化晚期，玉器的种类和数量显著增多，玉雕工艺技术取得飞跃性进步。线切割技术始自兴隆洼文化，在红山文化晚期依旧流行，技法更加娴熟，不仅用于玉料的切割，在制作斜口筒形玉器、曲面牌饰等器类上广泛使用。同时，红山文化晚期的玉雕匠人掌握了锯片切割技术，器体扁薄、形体较大的勾云形玉器、玉凤等均采用锯片切割技术进行加工。牛河梁遗址第二地点一号积石冢 M27 内出土一件勾云形玉器，长 28.6 厘米、宽 9.8 厘米，是目前所知形体最大的一件红山文化玉器，其背面留有一道长达14.6 厘米的锯片状切割痕迹。玉器的抛光、施纹和钻孔工艺技术更加规范和成熟。几乎所有玉器表面均经过抛光处理，部分器类的局部或通体雕琢出各种纹样，如阴刻线纹、瓦沟纹、凸棱纹、网格纹、几何形纹样等。阴刻线纹主要用来表现动物形体的各部位器官及外部轮廓特征；瓦沟纹主要雕琢在勾云形玉器的正面和曲面牌饰的正面；凸棱纹主要雕琢在棒形器的一端、龟的背部、蚕等器体的外侧；网格纹和几何形纹样分别见于赛沁塔拉、东拐棒沟 C 形玉龙的额顶、下颌部位和尖山子玉猪龙的背部。红山文

化玉器上的钻孔比较普遍，有单面钻成的圆孔或自两面相对直钻而成的长孔，还有自两侧斜钻而成的洞孔，后者为红山文化最具代表性的钻孔方式。从造型题材看，红山文化玉器可以分为装饰类、工具或武器类、人物类、动物类、特殊题材类。装饰类玉器主要有玦、环、管、珠等。玉玦是兴隆洼文化和赵宝沟文化的典型器类，至红山文化中期依旧流行；至红山文化晚期，耳部佩戴玉玦的习俗几乎消失，这是辽西地区史前用玉制度发生变化的重要标志之一。牛河梁上层积石冢遗存共出土 145 件玉器，其中玉玦仅有 1 件，出自墓主人右侧胸部，未作为耳饰使用。工具或武器类玉器主要有斧、锛、凿、钺、棒形器等。兴隆洼文化工具类玉器与石质同类器造型相近，但形体明显偏小；红山文化工具类玉器与石质同类器造型相近、形体相当，有的明显偏大。人物类玉器较少，正式发掘出土的整身玉人仅有 1 件，出自牛河梁遗址第十六地点 M4 内，通高 18.5 厘米，采用带有红褐色皮壳的河磨玉雕琢而成。动物类玉器主要有龙、兽面形器、鸟、鸮、鹰、龟、鱼、蚕等。动物类玉器的造型特征突出，气韵生动，充满灵性，是红山文化晚期玉器雕琢工艺取得飞跃性进步的重要体现。牛河梁遗址第五地点一号积石冢 M1 内出土 2 件玉鳖，放置在墓主人左、右手部，一雌一雄，特征鲜明，充分体现出红山文化先民娴熟的玉雕工艺技术及精细入微的生活观察能力。红山文化特殊类玉器是为满足宗教典礼的特殊需求雕琢而成的，造型奇特，工艺复杂，寓意深刻，主要器类有勾云形玉器、斜口筒形玉器、璧、双联璧、三联璧等。动物类和特殊类玉器的大量雕琢和广泛使用，突破了辽西地区原有的玉器造型传统，从出土数量和分布地域看，勾云形玉器、斜口筒形玉器和玉猪龙应为红山文化最具代表性的三种器类，对商周时期的玉器产生了深远的影响，玉人和玉凤具有独特的专属功能，它们同出土于牛河梁遗址上层积石冢阶段规模最大、规格最高的墓葬内，属于红山文化晚期晚段王者用器。[1]

红山文化时期，生产力水平显著提高，手工业分化日趋加剧，出现了从事建筑、制陶、玉雕、陶塑与泥塑等专业化人才队伍。建筑技术的发展与提高突出表现在大规模建筑群体的规划与设计上，牛河梁遗址宏伟的规模及坛、庙、冢规整有序、主次分明的布局是红山文化晚期建筑业最高成就的体现。

牛河梁遗址第二地点方冢与圆坛

红山文化的艺术领域十分广阔，成就斐然。对人物、动物的刻画多采用写实的艺术手法，惟妙惟肖，栩栩如生。草帽山遗址出土的石雕人头像和牛河梁遗址出土的双目嵌玉睛的陶塑女神头像与真人大小相仿，五官端正，神态逼真；猪首龙、龟、鱼、鸟、

1　刘国祥：《红山文化研究》，科学出版社 2015 年版，第 764—766 页。

鸮等动物造型的玉器成为红山文化标志性器类,对动物体态的准确把握和精练雕琢尽显红山文化先民聪颖的智慧和高超的工艺水准。作为主要艺术成就之一的彩陶,在红山文化早期晚段开始出现,至中、晚期已经发展成熟。彩陶纹样全部为抽象的几何形图案,既有单一母题的纹样,也有复合纹样,在生活日用陶器和祭祀用陶器上均被广泛应用,[1] 在吸收中原仰韶文化艺术传统的基础上,更多地体现出红山文化先民的独立创新精神。

2001 年至今,随着考古新发现的增多和考古报告的出版,关于红山文化的研究也取得了一系列突破性进展。牛河梁遗址的田野考古工作依旧令人瞩目,2003 年在第十六地点发现一座大型石棺墓(M4),首次出土玉人和玉凤,代表一种新型的高规格玉器组合关系,彰显了墓主人的王者身份,对红山文化晚期社会结构和用玉礼制研究具有重要学术价值。敖汉兴隆沟遗址第二地点、赤峰魏家窝铺、上机房营子遗址、朝阳小东山遗址的发掘,极大丰富了红山文化时期房屋形制与聚落布局的认识。魏家窝铺遗址是迄今为止经过正式考古发掘的红山文化居址中规模最大的一处,已清理出 114 座红山文化中期及偏早阶段的房址,聚落布局得以揭示。敖汉草帽山、凌源田家沟和朝阳半拉山发现红山文化晚期的积石冢和祭坛,出土神态各异的石雕人像和成组玉器,为红山文化晚期祭祀遗存和埋葬习俗的研究提供了重要资料。

1 刘国祥:"红山文化——研究中华文明起源的重要内容",载《人民日报》2021 年 8 月 28 日第 008 版。

三、先进的精神思想观念

红山文化时期，发现了大量与原始宗教祭祀活动有关的遗迹、遗物。遗迹主要有修建在山顶上的坛、庙、冢和聚落内兼有祭祀功能的房址。遗物主要有祭祀活动用的玉器如玉龙、勾云形玉器、

兴隆沟遗址第二地点出土整身陶人

斜口筒形玉器、玉人、玉凤、玉鸮、玉龟等，以及陶塑、泥塑或石雕的人像等。

红山文化原始宗教信仰与祭祀体系源于小河西文化、兴隆洼文化、赵宝沟文化，在红山文化时期得到了充分的继承与发展，并形成了系统化的宗教信仰与祭祀体系，包括祖先崇拜、动物崇拜和天地崇拜等。

祖先崇拜是红山文化先民信仰体系中重要的内容之一，反映了红山文化先民精神世界中"灵魂不死"的观念。红山文化先民希望获得祖先的庇佑，因此，他们把祖先作为主要的偶像加以崇拜。一方面，将墓葬建在山上，用石板砌成长方形的墓穴，以玉器作为主要的随葬品，再在其上积石成冢。玉器在红山文化先民的精神世界中具有沟通天地的功能，而积石冢本身就是祭祀的对象。另一方面，将祖先的形象用陶塑、泥塑、玉雕、石雕等手法予以塑造，并加以崇拜。此时期人像材质丰富，有陶、泥、石、玉等质地，人物表情更加具象，身体四肢更加具体，人物造型多样，制作工艺日趋成熟。

红山文化时期是龙崇拜的成熟时期，这一时期，龙的形象用玉来雕琢，玉器作为沟通人、神之间的重要媒介。用玉来雕刻龙，且形体较大，如赛沁塔拉遗址出土的玉龙高达 26 厘米，表现出龙在红山先民的原始信仰中占据重要地位。红山文化龙形玉器分为 C 形玉龙和玉猪龙两类。从造型特征和使用功能看，与兴隆洼文化早期"龙"文化因素和赵宝沟文化猪首龙形象具有一脉相承的发展关系，对商周及后世玉龙的雕琢及崇龙礼俗的发展产生了重要影响。红山文化时期是辽西地区龙文化发展的重要阶段，尤其是距今 5500—5000 年的红山文化晚期，农业经济取代狩猎采集经济占据主导地位，相对稳定的食物来源为人口的增长和手工业的分化提供了基本保障，也为初级文明社会的出现奠定了重要物质基础。以红山文化玉龙的出现为标志，辽西地区龙文化的发展走向成熟。这一时期，凤的崇拜同样是原始动物崇拜的重要内容之一，考古发现的红山文化凤形象的器物共3件，均为牛河梁遗址出土。龙凤观念是红山先民原始动物崇拜的重要内容。

牛河梁遗址出土玉凤

牛河梁遗址集坛、庙、冢于一体，是红山文化晚期已知规模最大的一处中心性祭祀遗址。红山文化积石冢代表一种特殊形式的埋葬制度，同时也是生者举行祭祀活动的场所。红山文化各种动物题材的玉器，其功能应是作为巫者通神的工具。从这个角度分析，红山文化玉龙的出现，应是红山文化晚期宗教祭祀活动发展到一定程度的产物。

牛河梁第二地点三环石坛

　　牛河梁遗址的圆形、方形祭坛和积石冢，东山嘴遗址的圆形和方形祭坛，以及草帽山的祭坛和积石冢，都反映了红山文化中的天地崇拜思想。牛河梁遗址第二地点三号冢发现的三环石坛，平面近正圆形，由三层以立石为界桩的阶台和坛上积石组成。冯时先生认为，这是迄今所见史前时期保存最完整的盖天宇宙图解，对中国早期天文学史的研究具有重要意义，同时反映出红山时期红山人天地崇拜的文化传统。早期盖图的主要特点是三环图，而牛河梁三环石坛恰恰具有这一特点。石坛的拱式外形可视作天穹的象征，而三个同心圆正可以理解为分别表示分至日的太阳周日视运行轨迹。作为早期的盖天图解，牛河梁盖图完全具有实用性。它不仅描述了一整套宇宙理论，同时准确地表现了分至日的昼夜关系。位于三环石坛西侧2米的二号冢是地的象征，冢体平面轮廓呈正方形。圜丘的致祭对象均为天上的自然神，方丘的受祭者有社稷、五祀、五岳、山林川泽、四方百物。[1] 天文学知识的日渐积累，对于农业经济占据主导地位的红山文化现实社会具有深远的影响。以往的研究中过多强调牛河梁遗址承载的埋葬和祭祀功能，三环石坛的天文学研究成果，为从科学的角度深刻揭示牛河梁遗址蕴含的多重功能提供了新的视点。

至红山文化晚期，以牛河梁上层积石冢内石棺墓出土成组玉器为代表，玉礼制系统真正形成，这是目前能够确认的中国最早的礼制形态，也是牛河梁遗址出土红山文化玉器的核心价值所在。红山文化玉礼制系统的特征主要表现在三个方面。一是玉礼制系统具有唯一性。从随葬品的出土状况看，在红山文化晚期积石冢内的石棺墓中，以玉礼器为主，也随葬少量的陶、石质礼器，但唯有玉礼器的使用能够反映墓主级别的高低，并且形成了一套固定的制度，陶礼器和石礼器的使用均未形成礼制。二是玉礼器的使用功能具有多重性。现有的研究结果表明，红山文化玉器不仅仅是专供随葬用的礼器，同时也是墓主人生前举行宗教祭祀活动的主要用具。在各种宗教祭祀典礼中，玉器被赋予了神秘的属性，成为沟通天地、祖灵和神灵的媒介。勾云形玉器、斜口筒形玉器、玉龙应为三种最典型的通天工具。玉人、玉凤、玉龟等也应具有

1　冯时："红山文化三环石坛的天文学研究——兼论中国最早的圜丘与方丘"，载《北方文物》1993年第1期。

独特的沟通祖灵和神灵的功能。三是玉礼器的使用者具有特殊性。这里需要指出，红山文化积石冢代表一种特殊的埋葬制度，其功能不仅仅是埋葬死者的茔地，同时也是生者举行祭祀活动的场所。玉礼器的使用者并非普通社会成员，应是生前主持各种祭祀活动的祭司，也是当时社会统治阶层的代表人物，死后成为被祭祀的对象。玉礼制所体现出的应是祭司之间、社会统治人物之间不同级别的差异。牛河梁积石冢中心大墓内随葬各类玉器，墓主人应兼具"巫者"和"王者"的身份。红山文化晚期，社会内部产生分化，等级制度确立，这是玉礼制系统形成的先决条件，也应为中华五千年文明形成的重要标志之一。

牛河梁第二地点 M21 出土玉器组合

四、红山文化的扩散与影响

除吸收其他考古学文化的先进因素之外，红山文化也在不断向外传播自身的文化因素。如科尔沁地区的哈民忙哈、嘎查营子，[1]嫩江流域的双塔[2]等遗址均可见较为典型的红山文化风格器物。

红山文化因素的扩散与影响并未局限于辽西和东北文化区。海岱地区大汶口文化的野店等遗址发现一定数量的璧、环类玉器，总体形态多为圆角方形或圆角长方形，正圆形较少，表面多见一至两周明显折线，内外边缘均呈薄刃状，剖面如柳叶形。从玉器材质看至少可分为三类，即黄绿色至墨绿色软玉、青白色软玉以及蛇纹石。海岱地区并不出产软玉，而蛇纹石产区则有多处。距离野店遗址最近且近年仍在大规模开采的蛇纹石矿，即俗称的泰山玉，在文献中早有记载。野店遗址所出的蛇纹石环经过拉曼光谱及密度检测，其未受沁部位含有较多黑色磁铁矿物颗粒，是典型的泰山翠斑玉的特征。因此野店遗址的蛇纹石很可能来自附近的泰山地区，即就近取材。黄绿色及墨绿色软玉应来自辽宁岫岩地区。最后是青白色的软玉，从其色系、光泽类型以及透明度来看，很可能来自吉林、黑龙江地区甚至贝加尔湖周围，学者们在研究牛河梁玉器时曾提出吉黑—贝加尔湖系玉料的概念，在目前尚未准确界定出吉黑地区以及贝加尔湖地区玉料的基础上，可暂时使用这一称谓。近些年，在内蒙古敖汉旗、辽西地区以及吉黑地区均有发现透闪石玉的报道，但这些新发现玉矿的特征尚未完全明晰，是否与史前玉器有关尚待进一步研究。

由上述分析可知，野店遗址所出璧、环类玉器无论是器形还

1　连吉林、朴春月："内蒙古科右中旗嘎查营子遗址调查"，载《北方文物》2005年第1期。

2　吉林大学边疆考古研究中心、吉林省文物考古研究所："吉林白城双塔遗址新石器时代遗存"，载《考古学报》2013年第4期。

是加工工艺均表现出较为独特的面貌，与本地早期的考古学文化缺乏明确的传承关系。同时，玉料材质也绝大多数非本地所出。其文化内涵反而与海岱地区北部广大的东北亚地区存在密切联系。此类器物最早见于旧石器时代晚期的贝加尔湖一带，至距今5500年前后，开始大规模向东南方向扩散，我国的东北三省、内蒙古、海岱地区乃至日本列岛均可见其踪迹，这条南北向通道可能是我国史前玉石之路的重要组成部分。[1]

石峁是近年来中国考古领域引人关注的遗址之一，2016—2019年，考古工作者对石峁遗址的皇城台及其大台基进行了发掘，发现了数量众多的石雕。[2] 以形制区分，主要有长方体、圆柱体和人（头）形等；从雕刻技法入手，可分为浮雕、阴刻、圆雕等；以构图方式可分为单体、对称、连续、组合等不同类型；就图案内容而言，可区分为动物、神兽、人头、符号等多种；从图案的表现视角来看，可分为正视、侧视和俯视；从图像所在基体面来看，可分为平面和立体。图案内容包含动物、神兽、人头、符号等。其中一件立柱型石雕上四周均雕出华丽的人头形象，或与平面型石雕中的人头图案内涵相通，只是换了一种表达形式和使用方式，就其出土位置及形状而言，当系立于关键设施的重要位置，起到膜拜、崇尚的功能，大致与后世的图腾柱性质相类，其上的人物为祖先或神祇。

在石峁文化核心分布区域，石雕并非普遍的文化因素。石雕大量出现于石峁遗址的皇城台、外城、东门址等高等级建筑设施中，

1　王强、邓聪、栾丰实："海岱地区与东北亚史前玉器文化交流——以野店遗址所出璧环类玉器为例"，载《考古》2018年第7期。

2　陕西省考古研究院、榆林市文物考古勘探工作队、神木市石峁遗址管理处："陕西神木市石峁遗址皇城台大台基遗迹"，载《考古》2020年第7期。

应与其是区域整体中心有关。要探讨大台基石雕的产生和来源问题，则需要将视域扩大到石峁文化邻近区域。若将视角扩展到石峁遗址所在的中国北方地区，可以发现东北地区存在着脉络清晰的石雕传统。[1]

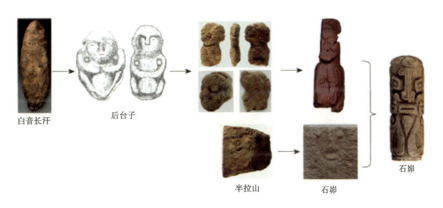

孙周勇认为的中国北方地区史前石雕系络图

考古资料显示，公元前6000—前3000年的时间范围内，在东北地区兴隆洼文化、赵宝沟文化及红山文化都发现了大型石雕，以人像最为常见，还有一些动物类形象。如兴隆洼文化时期在林西白音长汗、西门外，[2]赵宝沟文化时期在滦平后台子，[3]红山文化时期在朝阳半拉山、敖汉草帽山等遗址都有发现，均为平面型石雕。鉴于上述石雕具有特殊的出土位置，这些石雕使用期间在精神信

1　孙周勇、邵晶："石峁遗址皇城台大台基出土石雕研究"，载《考古与文物》2020年第4期。

2　王刚："从兴隆洼石雕人像看原始崇拜"，载《昭乌达蒙族师专学报》1998年第3期。

3　承德地区文物保管所、滦平县博物馆："河北滦平县后台子遗址发掘简报"，载《文物》1994年第3期。

仰层面的功能是非常突出的。

从石雕形态和图案内容来看，东北地区的石雕传统对石峁皇城台大台基石雕的影响是不容忽视的。同时，我们还注意到东北地区大型石雕以立柱型或塑像型为主要型式，只是在红山文化时期出现了少量平面型石雕，这一现象与大台基石雕以平面型为主体的特征形成了鲜明差异。如前所述，平面型石雕是皇城台大台基石砌护墙的重要组成部分，不作独立使用，是在适应皇城台石墙建筑的背景下产生的。所以，为适应自身需求，将立体塑像"平面化"是大台基石雕对中国早期雕刻艺术的重大贡献。另外，大台基立柱型石雕除继承东北地区石雕传统外，更多地体现着平面型石雕的雕刻技法和图像构成要素，设计者将平面型石雕的制作因素与塑像型石雕相结合的做法，是大台基立柱型石雕"独具一格"的主要原因。但不容忽视的是，中国东北石雕传统向西扩展是石峁石雕特别是塑像型石雕的重要源头。[1]

更值得注意的是，考古工作者在石峁文化分布区内的小营盘梁遗址进行了发掘，在其宗庙基址南侧清理一座高等级墓葬 M1。墓主人位居墓室中央，侧面和脚下均有殉人，其中左侧殉人作被绑缚状，且被斩首。复旦大学的学者对 M1 的墓主人和殉人进行了人骨 DNA 分析，发现中间墓主人和红山文化区域的 Y 染色体较为吻合，左、右两侧殉人的 DNA 与良渚文化区域较吻合，脚下的殉人 DNA 与磁山文化区域吻合，这表明墓葬内的墓主人和殉人都不是当地人。假如 DNA 结果可信，我们也不能排除 M1 墓主人来自辽西地区的可能性。值得注意的是，皇城台大台基还发现了 21 件骨

1　孙周勇、邵晶："石峁遗址皇城台大台基出土石雕研究"，载《考古与文物》2020 年第 4 期。

质口簧，[1] 这是目前全世界发现年代最早的口簧。[2] 辽西地区夏家店下层文化的建平水泉[3]和克什克腾旗龙头山[4]遗址也发现了同类器物，应是受石峁文化影响的结果，表明新石器时代至早期青铜时代陕北与辽西存在较为密切的文化交流。

在前述章节中，我们讨论了周边地区考古学文化，尤其是中原地区仰韶文化对红山文化的影响，自尹达先生提出红山文化为中原彩陶文化与北方细石器文化相互交融形成的一种复合文化以来，在讨论二者关系时，通常多强调仰韶文化，尤其是仰韶文化庙底沟类型对红山文化的影响，红山文化的扩散与传播证据略显不足。随着近年来中原地区仰韶文化遗址的持续发掘，多处地点均发现了较为典型的红山文化因素。

仰韶村遗址位于河南省三门峡市渑池县，先后分别于 1921 年、1951 年、1980 年进行了三次考古发掘，中国首个考古学文化名称——仰韶文化因此而得名，也是中国现代考古学诞生的标志。为迎接中国考古学诞生 100 周年，2020 年 8 月，河南省文物考古研究院、三门峡市文物考古研究所等单位联合启动了仰韶村遗址的第四次发掘，共揭露面积 600 平方米，发现房址 3 座、墓葬 2 座、灰坑葬 7 座、窖穴 15 个、壕沟 1 条、冲积沟 1 条、灰沟 3 条、道路 2 条，以及灰坑 100 多座。土方量巨大的仰韶文化壕沟反映出仰韶村遗址在仰韶文化时期人口众多、聚落发展繁盛。类似"水泥"

1　邵晶等："陕西神木石峁遗址皇城台地点发掘收获"，载《2018 年中国重要考古发现》，文物出版社 2019 年版。

2　孙周勇："陕西神木石峁遗址出土口簧研究"，载《文物》2020 年第 1 期。

3　辽宁省博物馆："建平水泉遗址发掘简报"，载《辽海文物学刊》1986 年第 2 期。

4　内蒙古文物考古研究所："内蒙古克什克腾旗龙头山遗址第一、二次发掘简报"，载《考古》1991 年第 8 期。

混凝土和"涂朱"墙壁地面都是在仰韶村遗址首次发现。交错平行线纹彩陶罐、象牙镯形器、玉钺、玉环、玉璜等高等级遗物都是这次的考古新发现。值得注意的是，出土的几件玉石环边缘明显薄于器身呈刃状，这是红山文化玉璧的典型风格，也是红山文化玉璧区别于其他文化同类器的主要特征之一。

仰韶遗址第四次发掘出土玉环

苏羊遗址位于洛阳市宜阳县张坞镇苏羊村、下村两个自然村内，遗址坐落于洛河南岸的二级、三级阶地上，北临洛河，南望熊耳山，遗址至山脚之间整体呈缓坡状。2016 年 10 月，洛阳市文物考古研究院开展了伊、洛河流域史前文化调查，确认苏羊遗址以新石器时代堆积为主，包含仰韶文化、庙底沟二期文化、王湾三期文化三个时期的遗存。基本确认这是一处以仰韶文化为主体拥有双重环壕的区域中心性聚落遗址，在此区域内发现了人工环壕、生活区、墓葬区、人工湖沼等重要遗迹。至 2021 年已清理房址 11 处，灰坑、窖穴 126 座，沟 1 条。出土的遗物以陶器、石器、

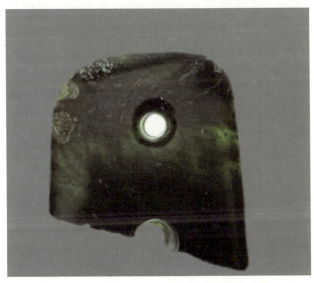

苏羊遗址出土石雕兽首及玉钺

骨器为主。此外发现了一枚颇具红山文化特征的兽首石雕，它雕琢精美，外形似熊首，从整体造型和制作工艺来看，考古人员初步推断石雕可能为权杖头部构件。这种石雕在中原地区同时期的遗址中是首次发现，为探讨发源于东北地区的红山文化与中原地区的社会上层交流提供了重要物质见证。

红山文化所处的辽西地区拥有独特的地缘优势，是连接东北平原与中原腹地的纽带，属于典型的文化交汇区。经过长期的田野考古发掘和研究，基本上建立起辽西地区新石器时代至早期青铜时代的考古学文化发展和演变序列，依次为小河西文化、兴隆洼文化、富河文化、赵宝沟文化、红山文化、小河沿文化、夏家店下层文化。本地区悠久的文化传统和外来文化因素的冲击加快了辽西地区的文明化进程。广泛吸纳，博采众长，凝聚精华，是红山文化社会变革的重要推动力。天地崇拜、祖先崇拜、龙图腾崇拜发展成熟，成为红山文化先民最具影响力的精神文化成果。距今5300—5000年，作为中华五千多年文明重要源头之一的红山文明得以形成。

第四章　文脉传承悠长

红山文化之后，辽西地区继之而起的是新石器时代末期的小河沿文化和青铜时代早期的夏家店下层文化。自小河沿文化开始，辽西地区进入文化面貌与社会发展的转变期，如陶器纹饰中之字纹少见或近乎不见，绳纹开始流行；彩陶减少，彩绘陶开始增多。但不可否认的是，作为本地区新石器文化发展的高峰，红山文化的许多因素仍被小河沿文化和夏家店下层文化继承并得到进一步发展，彰显了其强大的生命力与延续性。

一、小河沿文化

1921 年 6 月，瑞典地质学家安特生在辽西进行煤矿调查时发现沙锅屯洞穴遗址，当即进行发掘。洞内堆积可分为 5 层，出土遗物主要属于新石器时代，包括石刀、细石器、石环、石兽形饰、骨锥、骨针、施压印之字纹和施绳纹的夹砂灰陶筒形罐、彩陶折腹盖盆、红陶双耳壶等，还出有代表 42 个个体的人骨遗骸。[1] 所出饰绳纹的

1　安特生著，袁复礼译："奉天锦西县沙锅屯洞穴层"，载《古生物志》丁种第 1 号第 1 册，农商部地质调查所，1923 年。

灰陶钵和饰菱形回字绳纹的筒形罐等陶器，应属于小河沿文化。

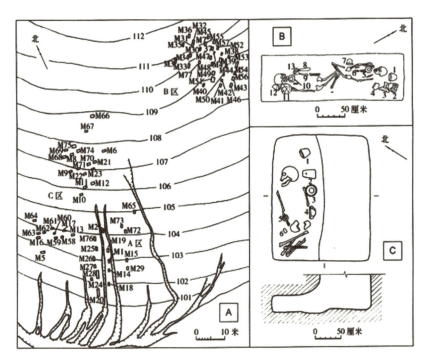

大南沟墓地平面图及部分墓葬

1935年，滨田耕作、水野清一等发掘红山后遗址的同时，对周边地区进行了调查，其中，在四道井子附近采集到一些红陶片及彩陶器，属于小河沿文化。1938年出版的《赤峰红山后》中报道了四道井子周边的发现，并归入"赤峰第一期文化"之中。[1]

1960年，昭乌达盟文物工作站（赤峰博物馆前身）在敖汉旗石羊石虎山发掘了一座墓葬，[2]发现不同于已知考古学文化的遗存，

1　滨田耕作、水野清一：《赤峰红山后》，东亚考古学会，1938年。

2　内蒙古自治区昭乌达盟文物工作站："内蒙古昭乌达盟石羊石虎山新石器时代墓葬"，载《考古》1963年第10期。

类似遗存在喀喇沁旗娄子店西山、赤峰市三座店、林西县锅撑子山、翁牛特旗等均有发现。1974年，辽宁省博物馆、昭乌达盟文物工作站、敖汉旗文化馆对敖汉旗小河沿乡南台地遗址发掘后，正式将其命名为小河沿文化。[1]

1977年，昭乌达盟文物工作站在翁牛特旗解放营子乡大南沟村南发现一处墓地，即石棚山墓地（大南沟第一墓地）。随后昭乌达盟文物工作站、翁牛特旗文化馆和辽宁省博物馆文物工作队先后进行了三次发掘，揭露面积约2000平方米，共清理墓葬77座。1979年，又在石棚山墓地周边发现老鸹窝梁墓地（大南沟第二墓地），由昭乌达盟文物工作站和翁牛特旗文化馆进行了发掘，清理出墓葬6座。两处墓地合称大南沟墓地，均属于小河沿文化，出土较为丰富的陶器、石器、玉器等遗物。[2]1998年，辽宁省文物考古研究所、赤峰市博物馆编著的《大南沟——后红山文化墓地发掘报告》正式出版。

1980、1986年，当地村民在赤峰市克什克腾旗新景乡上店村村北的坡地上先后两次发现小河沿文化墓葬2座。1989年，克什克腾旗博物馆对上店周边进行了较为细致的调查，又发现墓葬4座，随后对发现的共6座墓葬进行了清理，出土包括彩陶在内的陶器、石器、蚌器等遗物。[3]1989—1991年，在林西白音长汗遗址和水泉遗址发掘中也发现少量小河沿文化遗存。

1　辽宁省博物馆、昭乌达盟文物工作站、敖汉旗文化馆："辽宁敖汉旗小河沿三种原始文化的发现"，载《文物》1977年第12期。

2　辽宁省文物考古研究所、赤峰市博物馆：《大南沟——后红山文化墓地发掘报告》，科学出版社1998年版，第3页。

3　克什克腾旗博物馆："克什克腾旗上店小河沿文化墓地及遗址调查简报"，载《内蒙古文物考古》1992年。

哈啦海沟墓地 M40

　　2006—2008 年，为配合国家电力基础设施建设，内蒙古自治区文物考古研究所等单位对通辽南宝力皋吐墓地进行了发掘，揭露面积 10000 余平方米，共清理新石器时代晚期墓葬 395 座，出土陶器、玉石器、骨器、蚌器等 1500 余件。[1]

　　2007 年，内蒙古自治区文物考古研究所对赤峰市元宝山区哈啦海沟墓地进行了抢救性发掘。该墓地文化性质比较单一，全部

　　1　内蒙古自治区文物考古研究所、扎鲁特旗人民政府：《科尔沁文明——南宝力皋吐墓地》，文物出版社 2010 年版，第 21—43 页。

属于小河沿文化，共发现墓葬 51 座、祭祀坑 1 座， 其中 32 座墓
葬被盗，保存完整的有 19 座。[1]

哈啦海沟墓地 M39 出土陶鸟形壶

2008 年 7—10 月，内蒙古自治区文物考古研究所、通辽市博
物馆和扎鲁特旗文物管理所对距南宝力皋吐不远的昆都岭墓地进
行了抢救性发掘，共清理墓葬 178 座，灰坑 13 座，出土随葬品
909 件（组），主要有陶器、石器、骨器和玉器，文化内涵与南

1　内蒙古自治区文物考古研究所："内蒙古赤峰市哈啦海沟新石器时代墓地
发掘简报"，载《考古》2010 年第 2 期。

宝力皋吐墓地相近。[1]

目前小河沿文化的聚落遗址发现较少，敖汉旗白斯朗营子南台地遗址发现小河沿文化房址 4 座，均为半地穴式建筑，平面形状分为圆形和椭圆形两种，其中 F4 为圆形双室建筑。房址面积普遍较小，均在 10 平方米以下。2015 年赤峰学院历史文化学院对赤峰市松山区老鸹子梁遗址进行了发掘，其中第二地点清理小河沿文化圆角方形房址一座，为该文化的聚落和房址研究提供了新材料。

小河沿文化墓地资料丰富，是窥探其埋葬制度与社会生活的重要途径。大南沟两处墓地均位于靠近山顶部的坡地上，相距约 2 公里，周围分布有红山文化、小河沿文化和夏家店下层文化的居住址，尚未发掘。第一墓地位于石棚山南坡，清理出 77 座墓葬，分成三区。A 区位于墓地的南侧，清理出墓葬 17 座，墓穴沿东北—西南向成行排列；B 区位于墓地的东北侧，清理出墓葬 32 座，墓穴亦沿东北—西南向成行排列，分布密集；C 区位于墓地的北侧和西北侧，清理出墓葬 28 座。三区之间均有明显的空白地带相隔，同一区内墓葬的方向基本一致。墓穴行间距约为 1.5—3 米，同行内墓穴间距约为 0.5—2 米。第二墓地位于老鸹窝梁南山坡，共清理出墓葬 6 座，大体成行排列，墓穴间距约为 2—10 米。上述墓穴的形制分为两类，一类为长方形土坑竖穴墓，另一类为长方形土坑半洞室墓。其中可辨认的长方形土坑半洞室墓共有 19 座，上半部为竖穴，近底部在长边靠山坡上部一侧打洞室，洞室底部与墓底部在同一平面。墓壁普遍留有火烧痕迹，有些已形成较坚硬的红烧土壁面。墓主人均为仰身屈肢葬，下肢屈度较大。以单人

1　塔拉、张亚强："内蒙古昆都岭遗址发掘取得重要收获"，载《中国文物报》2008 年 11 月 26 日第 002 版。

葬为主，双人合葬墓共有 3 座，均位于第一墓地，两具人骨大体处于一条直线上，头向相反，两腿相交，腿骨相互交错或叠压。在第一墓地，还发现 4 座无头骨的墓葬，其中包括 1 座双人合葬墓（M20），两具人骨皆无头骨。头部位置多扣置 1 件陶器，分别为钵、豆和双耳罐。同在第一墓地还发现 4 座无骨架的墓葬，其中 M67 是整个墓地中随葬器物最多的 1 座墓，但无人骨。

在已发掘的 83 座墓葬中，74 座墓内有随葬品，可分为生产工具、陶质生活用具和装饰品三大类。随葬陶器的墓葬共有 63 座，数量多为 1—4 件，随葬 5 件以上陶器的墓葬共有 8 座，其中 M67 是随葬陶器数量最多的 1 座墓葬，共有 14 件。陶器多放置在头骨周围、身体一侧或腿骨下侧。陶器组合形式为筒形罐类和钵、豆、盆类，有的加壶、盂类，其中筒形罐和豆、筒形罐和钵的组合关系最多，分别为 27 例和 25 例，发现有筒形罐和豆或壶相互扣合的现象。生产工具多放置在墓主人躯体一侧，以男性居多，如随葬石质工具的 34 座墓，除性别不清的以外，男性为 16 座，女性仅有 2 座；随葬细石器的 14 座墓，除性别不明的以外，都为男性；出骨柄刀的 10 座墓已知性别的 7 座皆为男性。随葬装饰品的多为女性墓，且一般不再随葬其他生产工具。装饰品多置于贴身处，如束发器紧贴在头顶上，石璧、环在项下，石臂环套在手腕上，耳坠出自耳侧，蚌饰在头部和胸部，应是按墓主人生前佩戴情况随身下葬的。在整个墓地内，凡出斧、锛、凿、骨柄刀等生产工具的墓葬均不出纺轮，反之，出纺轮的墓葬皆不出生产工具，而已鉴定性别的出生产工具的墓葬皆为男性，出纺轮的墓葬皆为女性。M52 是墓地中唯一随葬大型石钺和刻画成组图像符号陶器的墓葬，墓主人是一位 20—22 岁的成年男性，应具有特殊的地位或

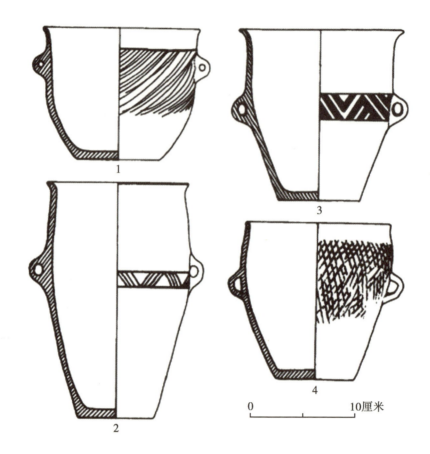

大南沟墓地出土部分陶罐

身份。

　　从出土陶器特征看，小河沿文化陶器种类丰富，主要器类有筒形罐、钵、盆、盂、尊、豆、壶、器座、案、勺等。其中，陶壶分为短颈鼓腹双耳壶、鸮形壶、双口鼓腹双耳壶、单把壶、异形壶五类，是小河沿文化最具代表性的器类之一。纹饰种类主要有拍印细绳纹、刻划平行线纹、网格纹、戳压窝点纹、窄泥条附加堆纹等。还发现有双线窄带内填充平行短斜线纹、双线宽带内填充几何形折线纹、回字纹和图像符号。彩陶多为红地施黑彩，施红彩的较少。彩陶图案主要有平行线间以相对半重环纹或相对的平行斜线间以三角纹组成宽带纹饰，或施以倒三角纹、平行短斜线纹、回字形几何纹、网格纹或间以动物形象、八角星、图像符号等。

石器的加工方法分为打制、磨制、压削三类，主要器类有斧、锛、凿、刀、钺、镞、石叶、璧、环、镯、璜、管、珠等。玉器较少，仅见小型锛、管等。骨器主要有匕、锥、镞、针、针筒、环、束发器等。骨梗石刃刀是小河沿文化具有代表性的器类，大南沟墓地共出土 13 件，分别出自 10 座墓葬内，皆选用动物肢骨劈裂成两半作柄体，一侧或两侧中部有凹槽，用来嵌粘石叶，石叶多呈长方形，两端的石叶近似三角形，外凸弧刃，石叶通体压削修整，外侧边缘均加工出刃部。蚌器多为装饰品，主要有环、珠、长方形牌饰等。

由于居址的发掘资料零散，对小河沿文化整体特征与内涵的认识有待加强。彩陶的大量存在表明，小河沿文化与红山文化具有直接承继关系。从陶器形制看，小河沿文化的筒形罐、钵、双耳鼓腹陶壶、器座等与红山文化同类陶器的造型相近，有明显的传承关系。同时也应看到，之字纹在小河沿文化中绝迹，细绳纹出现在筒形罐上，这一线索是辽西地区史前文化面貌发生重大转折的标志。朱绘常施于器体外壁下部，少数通体涂朱，成为夏家店下层文化时期彩绘陶器出现的先导，证明了小河沿文化是夏家店下层文化的重要源头之一。从大南沟墓地内出土的随葬品看，小河沿文化时期男女分工进一步确立，男性的社会地位明显高于女性，出现了少数权贵阶层，此种社会结构也被夏家店下层文化

直接承继和发展。

二、夏家店下层文化

夏家店下层文化以内蒙古赤峰市夏家店遗址的发现、发掘而命名，是中国东北地区的一种早期青铜时代考古学文化。1935 年，滨田耕作、水野清一等人发掘了赤峰红山后遗址，将红山后石椁墓和第一住地遗存称之为"赤峰第二期文化"。1960 年春，中国科学院考古研究所内蒙古工作队发掘了赤峰药王庙和夏家店遗址，根据地层叠压关系和器物群的显著差异，正式提出了夏家店下层文化和夏家店上层文化的命名，同时指出所谓"赤峰第二期文化"实际包含有夏家店下层文化和夏家店上层文化两种不同文化的因素。[1] 经过正式发掘的夏家店下层文化遗址还有敖汉大甸子[2]、宁城三座店[3]、喀喇沁大山前[4]、建平水泉[5]、北票丰下[6]、赤峰二道井子[7]等。经过调查的遗址或遗址群有敖汉城子山、赤峰英金河、阴河

1　中国社会科学院考古研究所内蒙古发掘队："内蒙古赤峰药王庙、夏家店遗址试掘简报"，载《考古》1961 年第 2 期。

2　中国社会科学院考古研究所：《大甸子——夏家店下层文化遗址与墓地发掘报告》，科学出版社 1996 年版。

3　郭治中、塔拉："宁城县三座店夏家店下层文化至汉代遗址"，载《中国考古学年鉴》（1988 年），文物出版社 1989 年版。

4　国家文物局合组赤峰考古队："内蒙古喀拉沁旗大山前遗址 1996 年发掘简报"，载《考古》1998 年 9 期。

5　辽宁省博物馆、朝阳市博物馆："建平水泉遗址发掘简报"，载《辽海文物学刊》1986 年 2 期。

6　辽宁省文物干部培训班："辽宁北票县丰下遗址 1972 年春发掘简报"，载《考古》1976 年 3 期。

7　内蒙古文物考古研究所："内蒙古赤峰市二道井子遗址的发掘"，载《考古》2010 年第 8 期。

流域的 43 处石城址及半支箭河中游 155 处居住性或祭祀性遗址。

彩绘陶器纹饰复原图

以夏家店下层文化为代表，辽西地区进入新的社会发展阶段。此前延续四千余年的平底筒形器传统终结，三足器成为陶器的主流；遗址的分布数量和密度超过以往任何时期，聚落分化明显，出现了大型城址和祭祀中心；从大型城址到小型聚落的布局均重点强调防御功能，战争成为影响当时社会的核心要素之一；社会内部贫富分化加剧，等级制度明晰，男性在社会生活中占据主导地位；宗教信仰具有较强的控制力，祭祀活动成为社会生活的重要组成部分，祭祀天地成为宗教典礼中的核心内涵；农业经济成为获取食物资源的主要方式，家畜饲养业发达；生产力水平显著提高，青铜冶炼和铸造技术取得飞跃性进步；对外交流进一步加强，与中原和周边地区文化具有密切的往来关系。

夏家店下层文化的居住址分布非常密集，其中很多居住址周围有石块垒砌的围墙等防御设施。这些城寨遗址大多分布于河流两岸的山冈上，仅赤峰地区沿英金河及其支流阴河流域就发现 43

大甸子墓地出土彩绘陶鬲及纹饰复原图

座，[1] 绵延 100 多公里，可以划分为 3 组。每组聚落群都由大、中、小城寨组成，以西山根城址为例，面积 1 万平方米，城内有石砌建筑基址 72 座以上。这些分群分布的城寨存在着等级的差别，即第一组级别最高，第二组次之，第三组级别最低，从而认为赤峰一带的夏家店下层文化往往由若干聚落群组成统一的聚落群群体，在群体内部已有"中心"与"外围"之分，处在外围的聚落群逐层次地向中心聚落凝聚。

城寨遗址的墙体绝大部分用石块砌筑，但也有用夯土构筑的，如大甸子遗址南北长 250 米、东西宽 242 米，周围有夯土墙和壕沟围绕。南墙中部发现门址，门边夯土墙包砌石块。在门道地面中央有一条碎石块铺砌的路面，路面宽 1.25 米、残长 8.2 米。据

1　徐光冀：《赤峰英金河、阴河流域的石城遗址》，载《中国考古学研究——夏鼐先生考古五十年纪念论文集》，文物出版社 1986 年版，第 82—93 页。

发掘者称，西距门址约 10 米处发现两个椭圆形坑（H5、H6），"位置在夯土之上，砦门之侧，疑是斥候隐身之所"。[1] 由此可见，夏家店下层文化的城寨有着极其严密的组织和防御系统。

夏家店下层文化的房址在很多遗址中都有发现，但大部分遭到破坏。到目前为止已发现房址超过 600 座，其中水泉遗址 120 座、康家屯遗址 49 座、三座店遗址 40 余座、点将台遗址 21 座、东山咀遗址 9 座、河东遗址 8 座、二道井子遗址近 150 座等。房址可分为半地穴式建筑和地面式建筑两类，平面以圆形和圆角方形为主，也有椭圆形、内方外圆等多种形式。从目前掌握的资料来看，尽管发现的夏家店下层文化的完整房址不多，但有迹象表明该文化的居址早晚发展似有规律可循。三座店遗址的 40 余座房址中，属于早期的为圆形半地穴式房址，晚期的为圆形或圆角方形地上建筑。但这是否具有普遍意义，现在还不好确断。根据现有的资料，可将夏家店下层文化的房址分为三期。

早期以半地穴圆形和方形房址为主。在水泉遗址发现的房址中，属于早期的以 F61 为例，呈圆形半地穴式，室内直径 2.1—2.2 米，深 0.54—0.8 米。门朝南，门道内有一土坎。坑壁和地面均抹有草拌泥。中部东西并排有两个柱洞，间距 1 米。靠近北壁地面有篝火的痕迹，显然为灶址。四分地东山咀遗址发现的 9 座房址，其结构也都比较简单，未见土坯墙或石墙。该遗址的文化内涵也具有比较原始的特征，显然可作为早期房址的代表。

中期的房址仍以半地穴式圆形和方形为主，但开始出现了用土坯或石块砌筑墙壁，以及在平地起建墙壁的现象。以药王庙 F1

1　中国社会科学院考古研究所：《大甸子——夏家店下层文化遗址与墓地发掘报告》，文物出版社 1998 年版。

为例，这是一座圆形窖穴式房址，口径约 1.9 米、底径约 2 米、深 1 米。坑壁砌以大小不一的石块，未见门道。居住面系用黄土并经夯打，东北角有一片红烧土，长约 0.8 米、宽约 0.45 米。居住面上有两个圆形柱洞，直径 0.3 米、深 0.25 米。柱洞的底部和坑壁坚硬，并掺杂有碎石块。

晚期房址形式多样，既有半地穴式也有地面起建的，平面有圆形、方形、套间、双重墙等多种形式。丰下遗址发现完整房址 18 座，其中半地穴房址 14 座。18 座房址中圆形单间式 12 座，长方形单间式 5 座，方形双间式 1 座。圆形房址地面直径一般在 2 米左右，最大的达到 4 米。长方形房址的规模与圆形房址大体相当。房屋内墙用土坯砌筑，个别为夯筑土墙或泥土墙，也有石砌的。土坯大约长 0.4 米，宽约 0.2 米，厚约 0.08 米。砌法多采用"三七错缝"法。墙的内外壁抹草拌泥，有的还经火烤。土坯墙外通常砌有石围墙。有的土墙和石围墙之间有一段间隔，最大间隔约有两米。柱洞见于地面边缘、中央或土墙上。地面铺草拌泥或黄土硬面，并经火烧烤。大型房屋地面铺白灰面，洁白而光滑。室内中心经常有一圆形烧土面，靠近墙壁砌有土台并经火烘烤。F13 地面中央有一石砌灶址，长 0.64 米、宽 0.54 米、深 0.15 米，灶底铺石板，灶壁用鹅卵石砌成，灶旁置一储水小口瓮。F12 为规模最大的一座房址，系方形双间式。大房间南墙中部接一长方形小房间。东墙外连一半圆形铺石面。整个房址范围东西长 9 米、南北宽 8.5 米，门向朝南。大房间长宽各 4 米，外围石墙。室内地面和墙壁下部先抹一层草拌泥，再抹一层白灰面。室内中心有一直径 0.5 米的圆形烧土面。小房间室内东西长约 2.2 米、南北宽约 1.6 米，土坯墙残高 0.8 米、厚 0.3 米。居住面为火烧土草拌泥。康家屯遗址的房址保存较好，其中大、中型房址之间有斜坡铺石门道。值得注意的是，大甸子遗址一座圆形半地穴式房址F3中，距地面0.4米的壁面上有一烟道口，洞口直径约0.1米，洞口内外有一层烟垢，烟道长约1米。

二道井子遗址中晚期房址

夏家店下层文化的很多遗址堆积都很厚，有些遗址中发现房址层层叠压的现象。点将台遗址发掘的最大收获是所发现的21座房址，这些房址分布密集、层层叠压，最多有四层，基本上都是在原址上重建。房址均系地面建筑，既有单墙又有重墙，多用夯土、石坯或石块建造。房门向南或东南。单墙房址平面呈圆形或内方

外圆形。重墙房址均系圆形，两墙内有若干间隔。房址地面多抹有草泥土，并涂有红色颜料。居住面上遗留有灶台或用火的痕迹。河东遗址共发现8座房址，T2发现依次叠压的房址3座，T1发现房址5座，均出自第4层。这5座房址依次叠压，后来的房址均在先前房址的原位或稍有错动，5座房址堆积厚达2.4米，有的房址居住面经多次重修。另外，在宁城县三座店遗址也发现层层叠压的房址40余座。早期的房址呈圆形半地穴式，晚期则为地面建筑。平面多呈圆形，少数为圆角方形。墙壁用土坯或夯土构筑，有重墙甚至三重墙。晚期房子周围建有石围墙，形成单独的院落。这些层层叠压房址的发现，为夏家店下层文化房址的分期提供了珍贵的资料。

夏家店下层文化的墓葬已发掘1000多座，其中发掘最多的是大甸子墓地，共发掘804座。大甸子墓地的完整揭露，为探索夏家店下层文化墓葬的形制、结构以及不同家族的茔域及其同一茔域内不同墓葬之间存在的等级差别等有关上层建筑方面的问题，提供了弥足珍贵的资料。大甸子墓地及丰下、平顶山、二道井子等遗址发掘的墓葬均系土坑竖穴墓。

大甸子墓地是一处与居址相对应的大型公共墓地，西、西南侧与居址夯土墙外的壕沟相邻，墓地北侧发现有作为茔域边缘的界沟，总面积约1万平方米，共清理804座墓葬，出土大量随葬品。该墓地经过较周密的规划，墓穴排列密集，间距多不足1米，但少见打破现象。墓地中部和偏南区域各有一条呈东北—西南向分布的空白无墓地带，大体平行，将墓地划分为北、中、南三区。根据墓葬分布疏密和随葬器物类型的差异，发掘者在三大区内又划分出若干小区。

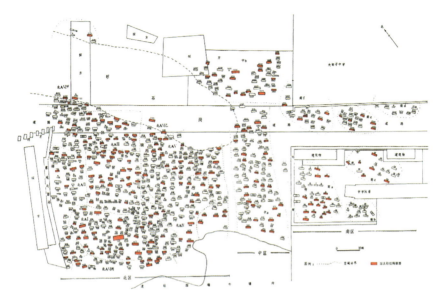

大甸子墓地墓葬分布平面图

墓葬多为长方形竖穴土坑墓，在 471 座墓葬中发现有壁龛，其中，有壁龛的大型墓为 136 座，占 95%；有壁龛的中型墓为 296 座，占 68%；有壁龛的小型墓为 39 座，占 22%。墓主人头向皆朝西北。整个墓地有超过半数的墓葬未发现葬具痕迹。已发现的葬具可分为木构葬具和土坯垒砌葬具两大类，以前者居多，共有 209 座，后者仅有 5 座。也有一部分墓葬在底部留有生土二层台，共有 89 座。此外，还有 3 座侧壁浅洞室墓。从墓葬形制和随葬品的种类和数量看，整个墓地存在明显的等级分化。以圹穴的规模为例，M726 圹口长 4 米、宽 1.4 米、深 7.8 米，是大甸子墓地中圹穴规模最大的一座墓葬；M765 圹口长 0.7 米、宽 0.25 米、深 0.15 米，是已知圹穴规模最小的一座墓葬。不同规格的墓葬间随葬品的种类和数量多寡不一。在大型墓葬中，随葬品丰富，发现有成组的陶质鬶、爵、盉等礼器、成组的彩绘陶器、漆木器、

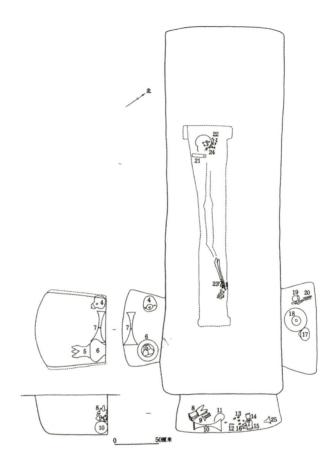

大甸子墓地 M726

海贝、玉器等；在中、小型墓葬中，随葬品的种类和数量明显偏少，有的墓葬内仅随葬 1 件陶器，也有的墓葬内无随葬品。

夏家店下层文化出土陶器种类有甗、鬲、鬶、盉、爵、鼎、罐、尊、壶、簋、小罐、盂、钵、豆等，其中以鬲、罐两类陶器发现最多。以泥质陶为主，器表多呈黑色，夹砂红褐陶比较少。绝大部分为手制，采用泥条盘筑法，表面有轮修即在轮盘上旋转修整的痕迹。纹饰有绳纹、压印及划纹、附加堆纹、镶嵌纹以及少量的篮纹、

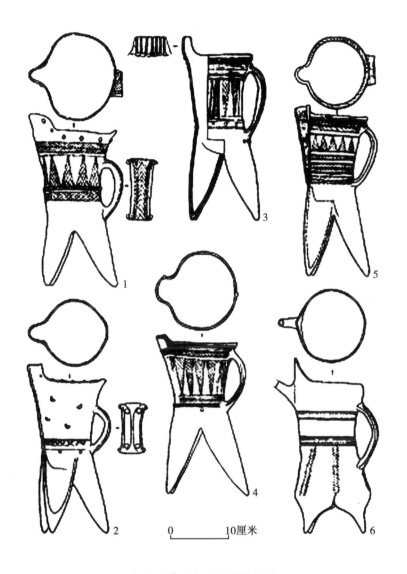

大甸子墓地出土陶质酒礼器

方格纹等。有时在一件器物上往往饰以几种纹饰，如绳纹加划纹、绳纹加附加堆纹、篮纹加划纹等。

彩绘陶器是夏家店下层文化具有代表性的器物之一，在烧制

完成的陶器表面用红、白两色矿物颜料绘制图案。这类陶器并非实用器，是专门为随葬而制作的。彩绘陶器在大甸子墓地发现最多，在1600多件陶器中经彩绘的陶器有400多件，其中保存较好的有300多件。除大甸子墓地之外，彩绘陶器在丰下[1]、大山前[2]、四分地东山咀[3]、康家屯[4]等遗址也均有发现，表明夏家店下层文化的墓葬中用这种彩绘陶器随葬的习俗相当普遍。彩绘图案的样式多种多样，仅大甸子墓地出土彩绘图案就有170余式。彩绘多施于鬲、鼎、罐、壶等器物的口及腹部。发掘报告对彩绘图案进行了详细的分类描述，基本上是以卷曲的线条组成图案，有的类似于"云雷纹"。另外也有模仿动物面目的图案，类似于青铜器上常见的"饕餮纹"。除此之外，有些图案看上去类似于雷纹、龙纹、蛇纹、草叶纹等。尽管彩绘图案出自不同工匠之手，绘画水平有些差距。但从总体上看，整个画面勾画细腻，对称协调，表现出相当高的艺术水平。

夏家店下层文化的玉器以大甸子墓地出土玉器为代表，该墓地有49座墓出土玉器，大部分出自大、中型墓葬，共计94件。主要器类包括玦、璧、斧、钺、珠、牙璧、环、鸟形器、龟形器等多种形式。刘国祥将大甸子墓地出土玉器划分为礼器类、

1　辽宁省文物干部培训班："辽宁北票丰下遗址1972年春发掘简报"，载《考古》1976年第3期。

2　赤峰考古队："内蒙古喀喇沁旗大山前遗址1996年发掘简报"，载《考古》1998年第9期；赤峰考古队："内蒙古喀喇沁大山前遗址1998年的发掘"，载《考古》2004年第3期。

3　辽宁省博物馆、昭乌达盟文物工作站、赤峰县文化馆："内蒙古赤峰县四分地东山咀遗址试掘简报"，载《考古》1983年第5期。

4　辽宁省文物考古研究所："辽宁北票市康家屯城址发掘简报"，载《考古》2001年第8期。

装饰类和特殊功能类三种，装饰的功能占有突出的地位，表明此时玉器的雕琢工艺及其用途发展到一个新的阶段。[1] 杨晶将大甸子墓地出土的玉器划分为四类，认为第一类玉璧、勾形玉佩、筒形器、勾形器等，其造型风格和穿孔手法与红山文化的同类器物有联系。[2]

夏家店下层文化的金属器发现较少，主要是一些小器物，质地有金、青铜、铅三种。出土金属器的地点有：大甸子墓地出土铜帽、镞、杖、杖首、耳环、指环等铜器 57 件，其中为数最多的是耳环 26 件、指环 25 件。另外还有铅杖首、铅质仿制贝、金耳环等。小榆树林子和康家屯遗址各出土 1 件铜刀。平顶山石城址出土 1 件铜耳环。辽宁锦县松山乡水手营子墓葬出土 1 件铜柄戈。到目前为止共出土金属器 60 余件。

铜耳环和铜指环是金属器中发现最多的器类。平顶山石城址出土的铜耳环最具特色，呈椭圆形，一端作喇叭口状。大甸子墓地出土的铜耳环大都呈圆形，在出土铜耳环的可辨认性别的 9 座墓葬中，有 5 座为女性，4 座为男性。另外，大甸子 M516 出土的一件金耳环，用金丝围成圆形，一端扁平而不像铜耳环那样呈喇叭形。这件金耳环出自成年男性的左耳处。由此可见，夏家店下层文化的男、女居民都有佩戴耳环的习俗。铜指环多呈圆形，两端略宽并对接，可分单环和双环两种，25 件指环出自 5 座墓内，均系成年女性。最多的一墓（大甸子 M677）死者每个手指上都套有一枚，在右手小指上还加套一枚。

铜杖首形似羊角，椭圆形銎，两面各有三个凸起的乳钉纹，

1　刘国祥："大甸子玉器试探"，载《考古》1999 年第 11 期。

2　杨晶："关于大甸子墓地玉器的分析"，载《文物》2000 年第 9 期。

銎内尚存朽木，推测柄长不过1米。铅杖首形似圆顶帽，銎口呈椭圆形。这些杖首均出自大型成年男性墓内，表明社会地位较高的或具有特殊身份的人才有权享用。

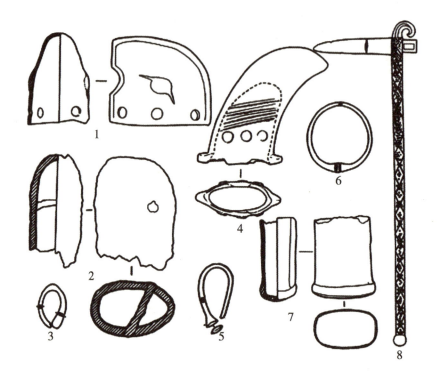

夏家店下层文化出土金属器

铜柄戈是迄今为止所发现的档次最高的一件兵器。戈头与柄连铸，通长80.2厘米。戈为直内戈，援长20厘米。内呈长方形，周边起棱。柄长26.6厘米，通体装饰菱形加联珠纹。柄的末端呈扁圆球状，顶端作卷曲鹰喙形。整件器物造型奇特，制作精致，代表了夏家店下层文化青铜工艺的最高水平。

铜刀的形制尽管比较简单，但它却是北方地区发现的年代较早的铜刀。小榆树林刀呈扁平长条形，一端两面出刃，另一端尖细，长 6.7 厘米。康家屯刀系弧刃，刀尖上翘，背呈锯齿状，长 15.5 厘米、宽 2.3 厘米。这两件铜刀均没有柄，可能是安木柄使用的复合工具。此外，大甸子墓地出土的铜帽、铜镦、铅杖首等也很有特点。

夏家店下层文化的青铜器铸造技术已达到了铸造青铜容器的水平。因为在该文化的早期遗址中已发现有关的证据，如夏家店遗址发现铜屑、四分地东山咀遗址出土可铸造小型铜饰品的椭圆形陶范及北票康家屯遗址出土石范等。另外，大甸子墓地出土的铜杖首表面有范缝痕迹，是用两块外范和一块芯范铸成的，表明当时已完全掌握了使用内外范的铸造技术。另外，地质工作者在喀左县和凌源县境内曾发现多处铜矿点，[1] 这些铜矿点大多有古采坑，表明古时已有丰富的铜矿可供开采。可见，夏家店下层文化时期不仅有可供开采的铜矿资源，而且青铜冶铸技术也达到了一定的水平，已经成为长城地带重要的冶金中心之一，这一点是毋庸置疑的。

从文化传承关系的角度寻找共性，可以看出夏家店下层文化的筒形鬲已有源于东北地区新石器时代的筒形罐的可信线索。红山文化晚期与夏家店下层文化早期之间有近 1000 年的差距，但从出土玉器方面能够直观看出两者之间的承继关系。大甸子墓地出土玉器分类与红山文化玉器造型题材的分类基本吻合。其中，斜口筒形玉器、勾云形玉器、玉璧、曲面牌饰、玉勾形器具有典型的红山文化玉器特征，应属红山文化玉器，被夏家店下层文化先

1　辽宁省冶金地质勘探公司 105 队："辽宁省喀拉沁左翼蒙古族自治县矿点检查报告书"，1958 年。

民直接传承和使用。斜口筒形玉器仅出 1 件，器体呈长筒状，无底，一端平口，另一端斜长口，内壁有琢磨加工痕迹。勾云形玉器共 2 件，完整器 1 件。器体左右两侧各外伸一对相背的勾角，每对勾角间各有一对柱状小凸。主体部分上侧边缘呈外凸弧形，两端各外伸一个不明显的小凸；下侧边缘略直，两端及中部各外伸三个小凸，中部均作倒 "V" 字形缺刻。中心部位有一勾云状镂空和一圆形钻孔，四周琢磨出相应的浅凹槽纹络。靠近上侧边缘中部有一个圆形小孔。分别出自两座墓内。玉璧共 5 件，分为圆形与椭圆形两类，内外侧边缘磨薄似刃状，靠近一侧边缘钻有小孔，分别出自 5 座墓内。曲面牌饰仅出 1 件，器体呈四边形，曲面，正面琢磨出六道瓦沟纹，四角各有一个圆形钻孔。玉钩形器仅出 1 件，柄、身分界处起两道凸棱，柄部略窄，呈长方形，靠近顶端渐薄，并有一圆形钻孔；身部做弯钩状，两侧边缘磨薄，中部琢磨出相应走向的浅凹槽纹络。值得注意的是，赤峰市红山区二道井子遗址也发现了夏家店下层文化的墓地，共清理各类墓葬 268 座，其中 M44 出土有玉蚕及玉管，均具有明显的红山文化特征。

　　从祭祀遗存的形制和分布状况看，红山文化与夏家店下层文化之间具有一定的文化传承关系。英金河和阴河流域分布有十分密集的夏家店下层文化石城址群，经过正式调查的有 43 座。20世纪 80 年代末以前，学术界普遍认为这批石城址是夏家店下层文化时期具有防御性质的军事城堡，城址内分布的圆形石砌建筑基址均确认为居住性房址。20 世纪 90 年代中期以来，随着半支箭河中游区域性调查工作的开展以及敖汉旗境内此类遗址的重点复查，对这类遗址的性质产生了新的认识，一部分建在山梁或山丘顶部并有石砌围墙和圆形石砌建筑的遗址并非军事性城堡，应为夏家店下层文化时期举行祭祀活动的场所，圆形石砌建筑基址可能为祭坛，与红山文化时期的祭祀传统具有明显的承袭关系。夏家店下层文化时期祭祀遗存绝大多数分布在山丘的顶部，甚至分布在陡峭的高山顶部，呈现出组群分布的特点，其规模和密集程度远远超过红山文化同类遗存。

三、红山之玉润华夏

史前时期的墓葬，大多以陶器为主要随葬品，红山文化是例外。红山文化已具备相当发达的制石和制陶工艺，大型打制石器、磨制石器、细石器三类石器并用和石耜的大量使用，为同时期其他史前文化所不及。红山文化的制陶业有以压印"之"字纹陶和彩陶器为代表的南北文化融为一体的陶器群。尤其是牛河梁遗址发现了一批与祭祀有关的特异型陶器，如积石冢和"女神庙"出土的"塔"形器、"女神庙"及附近窖穴出土的熏炉器盖和彩陶方器，

红山文化玉器出土地点

都是烧制技术甚高的祭礼器。但在红山文化墓葬中，却极少有这些高等级的陶、石器随葬，而多只葬玉器，以牛河梁遗址为例，四处地点中只随葬玉器的墓占到有随葬品墓葬的89.6%。墓葬规模及随葬品的数量、质量是反映人与人等级差别最主要的标准，该文化不葬或少葬与生产、生活有关的石器和陶器，只葬非实用的玉器，说明当时在表达人与人之间等级地位时，对非实用玉器的重视要远胜于与生产、生活有关的陶器和石器，这种"以玉为葬"的习俗，也表明红山文化时期对玉器的认识达到一个高峰。

根据造型特征的差异及使用功能的不同，可以将红山文化玉器分成六大类，分别为装饰类玉器、工具或武器类玉器、动物类玉器、人物类玉器、特殊类玉器、其他类玉器。装饰类玉器主要包括玉玦、玉环、玉珠饰、玉管、绿松石坠饰和耳饰、菱形玉饰、玉曲面牌饰等；工具或武器类玉器主要包括玉（石）钺、玉斧、玉棒形器等；动物类玉器主要包括玉龙、玉龙凤佩、玉凤、玉凤首、玉鸟、玉鸮、玉龟、玉蚕、玉蝈蝈、玉鱼、玉兽面牌饰等；人物类玉器包括玉人、玉人面饰；特殊类玉器主要包括斜口筒形玉器、勾云形玉器、玉璧、双联玉璧、三联玉璧、三孔玉器等；其他类玉器包括玉芯、玉料等。

通过科学检测分析，可以确认红山文化玉器材质主要为透闪石玉，其次为蛇纹石玉。从质地、色调、光泽等几个方面看，绝大部分玉器材质都与岫岩闪石玉玉料接近。

从目前已发现的红山文化玉器种类来看，仿真、写实类题材占已知红山文化玉器的大部分。其中，反映自然界的动物和昆虫题材的仿真类玉器又占相当大的比例，如猪、鱼、鸟、鸮、龟、蚕、蝈蝈等，折射出这些动物和昆虫与红山先民的生活息息相关；

牛河梁第十六地点 M4 出土玉器组合

而写实风格的玉人像和斧、勾形器、纺瓜等仿生产工具，折射出红山文化时期的社会和经济生产状况。这些仿真、写实类玉器来源于红山先民对生活、生产和自然界的认知，不仅反映红山先民自然淳朴的世界观，也代表了红山先民丰富的艺术表现力、独特的创造力和居于其时代前列的高超的玉器加工水平。

除了写实类的题材，抽象类和几何类的玉器是红山先民抽象的意识形态的物化表现，是红山社会最为重要的符号性器物。这两类玉器来源于红山先民对自然界和宇宙天地现象认识的概括和升华，是原始宇宙观和原始宗教观的反映；抽象类型和几何造型的玉器蕴含了红山祖先对自然环境和生态的高度概括，是具有特定意义的文化符号，反映了红山时代已经进入了比较发达的文明

形态。

　　红山文化玉器对后世产生了重要影响，在夏家店下层文化、夏商周三代及后世均可以看到为数不少的红山文化玉器。

　　1976 年在安阳殷墟小屯发现的妇好墓（发掘编号 76AXTM5），是目前所知唯一一座未被盗掘的商王室大墓，出土青铜器和玉器

河南殷墟妇好墓出土的蜷体玉龙

陕西韩城梁带村芮国墓地出土红山文化玉猪龙

等近 2000 件（组），尤其出土了 750 余件（组）玉器，是先秦时期随葬玉器数量最多的一座墓。林巳奈夫先生于 1986 年首次指出"妇好墓玉器中掺有前代之物"，近年来学者对此问题也多有论述。其中来自燕山以北地区的遗玉约有 4 件，其中玉勾形器（M5：964）和勾云形玉器（M5：948），器形就可判断是红山文化的遗玉，在辽宁朝阳牛河梁、东山嘴及内蒙古巴林右旗那斯台等红山文化遗址多有出土，是很流行的红山玉器样式，不见或少见于其他考古文化。

在陕西韩城梁带村芮国墓地、河南三门峡虢国墓地、北京琉璃河燕国墓地、山西侯马晋侯墓地等多处遗址出土了典型的红山文化遗玉，包括玉猪龙、勾云形玉佩、斜口器、龟等。

三门峡虢国墓地出土斜口筒形器

陕西凤翔上郭店 M1 出土勾云形玉器

　　梁带村墓地位于陕西韩城市昝村乡梁带村北。墓地东距黄河
0.5 公里，西南距韩城市 10 公里。2005—2006 年，陕西省考古研
究院发掘了三座带墓道的大墓，确认了墓地的性质，取得了重要
的收获，出土了大量的铜器、玉器等随葬器物，部分铜器有"芮
公""芮太子"等铭文，知其为芮公及其夫人的墓葬，表明这里
是一处周代的芮国墓地。其中 M26 出土一件玉猪龙，从玉料、造
型及制作工艺上均与牛河梁和那斯台等地出土的红山文化玉猪龙
相似。

结　语

　　红山文化因内蒙古赤峰市红山后遗址的发掘而得名，是中国东北地区著名的新石器时代考古学文化之一，在中国文明起源和早期社会发展进程中占据重要地位，在东北亚地区史前文化中具有广泛的影响力。红山后遗址早在 1935 年由日本人进行考古发掘，1954 年我国著名考古学家尹达先生正式提出了"红山文化"的命名。[1]1949、1971 年在翁牛特旗的东拐棒沟和赛沁塔拉遗址由当地农民发现了两条 C 形玉龙，选料考究，其中黄玉龙采用岫岩透闪石河磨玉雕琢而成，造型优美，工艺精湛，气韵生动。1983 年至今，发现并发掘了辽宁省朝阳市牛河梁遗址群，发现有女神庙、祭坛、积石冢、石棺墓等遗迹，出土有玉人、龙、凤、龟、鸮、鱼、勾云形玉器、斜口筒形玉器、璧、环、珠等成组玉器，分布范围广达 50 平方公里，是迄今所知规模最大的红山文化晚期埋葬和祭祀中心，是 20 世纪中国史前考古重要的考古发现之一。2012 年 5 月，在实施中华文明探源工程（三）红山文化聚落考古调查的过程中，

---

[1]　尹达：《中国新石器时代》，生活·读书·新知三联书店 1955 年版。其中"关于赤峰红山后的新石器时代遗址"一文，对红山后出土的资料进行了总结研究，正式将其定名为红山文化。

在敖汉旗兴隆沟遗址第二地点发现并复原一尊红山文化晚期的整身陶人，是目前所知形体最大、保存最完整、表情最丰富的红山文化陶塑人像。

红山文化历时 1500 余年，分为三个时期，距今 5500—5000 年的红山文化晚期，辽西地区史前社会发生飞跃性变化，人口迅猛增长，生产力水平显著提高，农业经济占据主导地位，与中原仰韶文化和江淮地区凌家滩文化交流密切，天地崇拜、祖先崇拜、龙图腾崇拜观念发展成熟，红山文明正式形成，成为中华五千年文明的重要源头之一。红山文化玉器闻名遐迩，与长江下游地区环太湖流域良渚文化玉器形成中国史前时期南北两大雕琢和使用玉器中心。赤峰和朝阳地区红山文化遗址分布密集，共有 1100 余处，见证了红山文明孕育、形成、发展和演变的全过程，是中华龙的故乡和中华五千年文明的重要圣地。C 形碧玉龙入藏中国国家博物馆，是"古代中国"陈列中最为亮眼的文物，向世界讲述着"中华儿女，龙的传人"的文化渊源。

红山文化历时 1500 余年，从现有的考古发现和研究结果看，可分为早、中、晚三期，每一期又可分出早、晚两段，各期的年代划分及典型特征如下。

早期阶段：距今 6500—6000 年，代表红山文化的孕育和形成期。遗址数量偏少，早期早段的文化面貌更多地体现出对本地区文化传统的延续；早期晚段，吸纳中原地区文化因素，彩陶开始出现，文化面貌发生变化，红山文化在辽西地区正式形成。

中期阶段：距今 6000—5500 年，代表红山文化全面发展阶段，开创了辽西地区新石器时代文化发展的繁荣期。遗址数量增多，分布密集，人口迅猛增长，出现大型中心性聚落、中型次中心聚落、普通小型聚落，组群分布特点显著。社会组织结构发生变化，同一聚落内部出现不同等级的社区，社会分层加剧。手工业生产技术和农业生产技术提高，陶器的种类和数量增多，彩陶纹样日渐丰富，出现了成组分布的陶窑址。石器的加工和制作技术水平明显提高，以石耜为主的掘土工具的改进，有助于提高生产效率；双孔石刀作为主要的谷物收割工具开始大量出现，从而完善了辽

牛河梁
遗址第二地
点全景

西地区农业生产过程中用于谷物种植、收割和加工的配套农具，也由此确立了农业经济在红山文化中期以后的主导地位。同时也应看到，红山文化时期的渔猎经济依旧十分发达，红山文化中期开始流行的三角形平底、凹底石镞，代表了辽西地区细石器加工制作的最高水平。祖先崇拜观念盛行，以小型陶塑人像和人头像居多，女性特征突出。雕琢和使用玉器的传统得以延续，玉雕工艺技术显著提高，造型独特的C形玉龙出现，崇龙礼俗形成。

晚期阶段：距今5500—5000年，红山文化的发展进入鼎盛期，社会内部发生重大变革。总面积达100万平方米的超大规模聚落出现，聚落内部出现高等级社区，社会分层更加明显，出现特权阶层及一人独尊的王者式人物。牛河梁遗址主体分布范围达50平方千米，规划统一，布局有序，建筑宏伟，出现了祭坛、女神庙、积石冢等标志性建筑。制陶业高度发达，除日用陶器外，还出现了数量可观的专属祭祀用陶器。积石冢内有中心大墓、次中心大墓、边缘墓之分，等级制度确立。玉器成为最主要的随葬品，多为墓主人生前使用，死后用来随葬，成为墓主人生前社会等级、地位和身份的象征和标志物，形成了具有唯一性的玉礼制系统。玉雕工艺技术获得了前所未有的发展和进步，出现了一批造型独特、内涵丰富、具有明确专属功能的器类。祖先崇拜、天地崇拜、龙图腾崇拜成为红山文化先民的共同信仰。不同区域间的文化交流为红山文明注入了新的内涵，也进一步扩大了红山文明的影响力。[1]

红山文明形成于红山文化晚期晚段，距今5300—5000年，辽

1　刘国祥："探寻红山文化与中华五千年文明源头"，载《中国社会科学报》2016年10月31日第008版。

西地区率先跨入文明的门槛，成为中华文明多元一体格局中的重要一元，对中原地区的古代文明产生了深远的影响。红山文化与红山文明是两个不同的概念。红山文明是在红山文化基础上的辽西地区新石器时代文化发展的高级阶段，其特点是出色传承、发挥优势、彰显本色、博采众长、融会贯通、凝聚精华、引领时代、开拓创新、文明典范。

赛沁塔拉、东拐棒沟出土玉龙

红山文明有六个主要标志：一是遗址分布密集，人口迅猛增加，生产力水平显著提高，手工业生产专业化加剧，以建筑、玉雕、陶塑为代表的高等级技术能力集中出现；二是等级制度确立，玉礼制系统形成，特权阶层出现，独尊一人式的王权确立；三是公共信仰和祭祀礼仪系统成熟，以祖先崇拜、天地崇拜、龙图腾崇拜最具代表性；四是红山文明所揭示出的社会管理体系是神权和王权的统一，牛河梁大型墓的墓主人均为男性，说明红山文化晚期高层统治者中男性占据主导地位；五是以种植粟、黍为主导

的成熟的旱作农业体系和发达的渔猎经济传统助推了红山文明的诞生；六是科学和艺术成就超越以往，前者是推动社会发展的强大动力，后者是展示社会繁荣和红山文化先民智慧的重要标志。[1]

中华民族拥有五千多年的文明史，中国是四大文明古国之一，中华民族对人类文明的发展作出了十分卓越的贡献，中华文明有别于世界其他地区古老文明最显著的特征是连绵不断、延续至今。鉴于史前时期没有文字记载，即便进入历史时期，文献记载也多有局限性和不确定性，因此考古学成果对于研究中华文明起源及不断丰富中华文明的内涵发挥着不可替代的作用。红山文化系列重要考古发现和研究结果表明，红山文明形成于红山文化晚期晚段，距今约 5300—5000 年，内涵丰富，特色鲜明，影响深远，是中华五千年文明的重要源头之一。

苏秉琦先生曾经指出："中国文明之所以独具特色、丰富多彩、连绵不断，中华民族之所以能够形成一个统一的多民族国家，并在数千年来始终屹立在世界的东方，都与中国文化的传统、中国文明的多源性有密切关系。同世界上其他文明古国的发展模式不同，多源、一统的格局铸就了中华民族经久不衰的生命力。"[2] 红山文明在辽西地区崛起，是中华文明多元一体格局形成过程中的重要实证。

我国是历史悠久的统一的多民族国家。中华民族多元一体是祖先留给我们的丰厚遗产，也是我国发展的巨大优势。我们应该深刻认识到，多民族统一国家并不是进入历史时期才开始出现与

1　刘国祥："探寻红山文化与中华五千年文明源头"，载《中国社会科学报》2016 年 10 月 31 日第 008 版。

2　苏秉琦："关于重建中国史前史的思考"，载《考古》1991 年第 12 期。

发展的，而是有着深厚的史前基础和独特的文明基因，史前考古新发现不断强化着中华文明探源的多元视角。考古成果说明了中华民族和中华文明多元一体、家国一体的形成发展过程，揭示了中国社会赖以生存发展的价值观和中华民族日用而不觉的文化基因。深入研究这种文化根基，对正确理解中国历史，加强民族团结，振兴繁荣少数民族发展，铸牢中华民族共同体意识均具有重大的学术价值和理论意义。以红山文化为代表，辽西地区在中华文明起源与中华文明多元一体化进程中发挥了重要的、不可替代的作用，对其意义和价值的更深层次的发掘与阐释，将是今后长时期内工作与研究的重要课题。